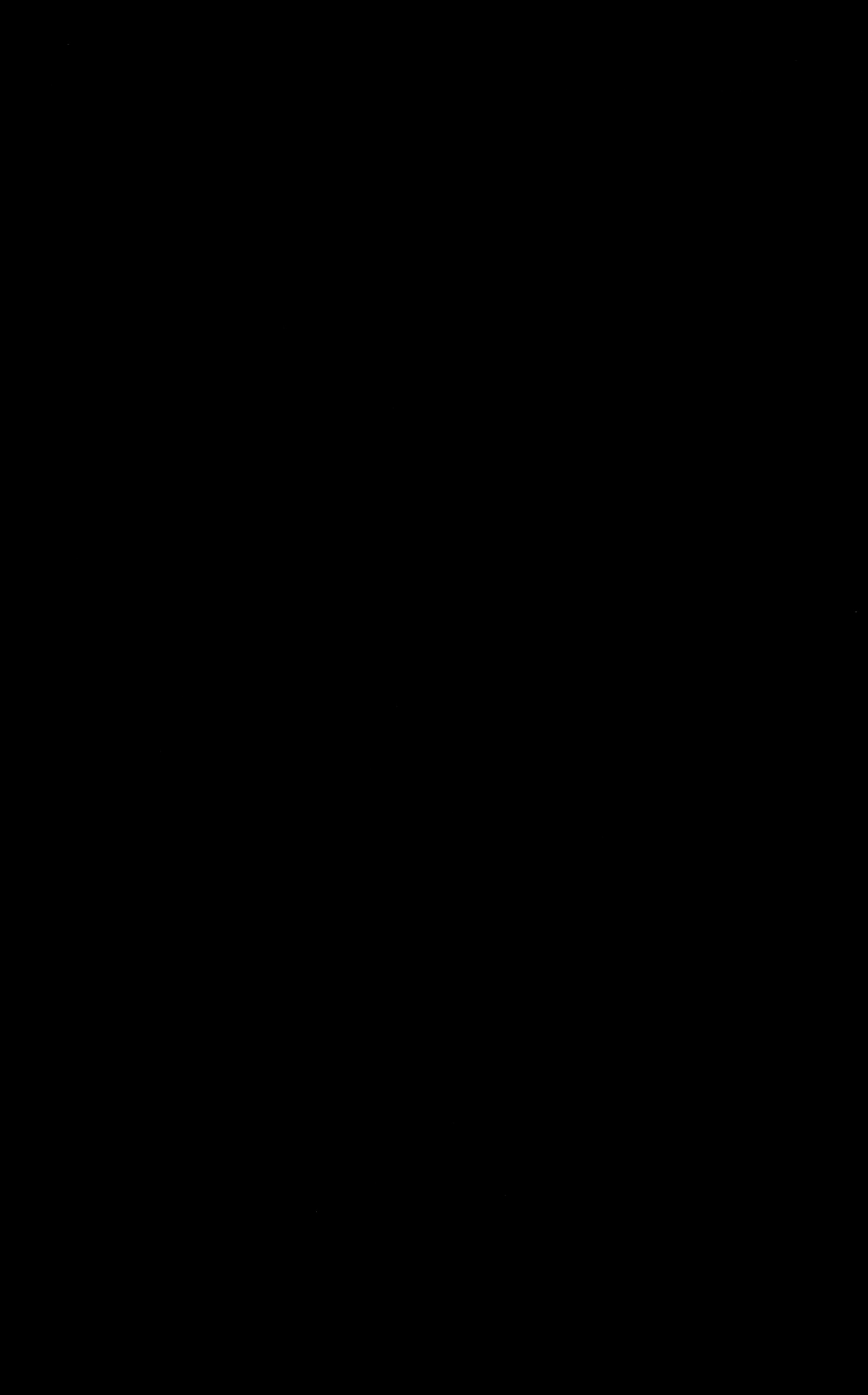

불안을 끌어안고 나아가기

불안을 끌어안고 나아가기

살아갈 날들을 위한 회복의 심리학

김현경(심리상담사) 지음

유노북스

추천사

불안 속에서도 빛을 잃지 않는 마음을 위한 여정

문진건
동방문화대학원대학교 명상심리상담학과 교수

"날씨도, 호수도, 풍경도 그대로였다. 달라진 건 내 마음이었다"는 저자의 문장은 단순한 묘사가 아니라 깊은 자각의 언어다. 변화무쌍한 감정과 상황 속에서도 그 모든 것을 지켜보는 또 하나의 '나'가 있다는 통찰, 그것이 바로 이 책이 전하고자 하는 메시지다.

만날 때마다 환한 미소로 주위를 밝혀 주는 김현경 선생은 투병 중에도 웃음을 잃지 않는다. 그 미소의 근원은 수용과 전념이다. 수용과 전념을 삶 속에서 실천하기란 결코 쉬운 일이 아니지만, 그녀는 그것을 일상의 언어와 행동으로 구현해 낸다. 이 책은 바로 그 실천의 기록이자 마음이 어떻게 고통을 통과하며 단단해지는지를 보여 주는 체험의 보고서다.

이 책을 읽는 동안 우리는 저자의 마음속 호수를 함께 바라보게 된다. 그녀의 글은 독자에게 "감정의 물결 속에서도 나를 잃지 않는 평정"을 선물한다. 불교의 무아 사상과 현대 심리치료의 수용과 전념을 생활의 언어로 풀어낸 이 책은 사유와 체험이 조화된 따뜻한 명상 에세이다. 부디 이 책을 통해 저자처럼 수용과 전념을 삶 속에서 실천하는 이들이 더 많아지기를 바란다. 그것이 이 책이 우리에게 건네는 가장 큰 축복일 것이다.

추천사

불안 너머 존재하는
나의 가치를 찾기 위하여

이정미
서울상담심리대학원대학교 긍정심리학 교수

삶의 긴 여정에서 우리는 크고 작은 불행한 일을 겪는다. 그렇게 마주친 복병으로 인해 아직 일어나지 않은 일까지 앞서서 걱정하고 불안해하느라 바로 지금 여기의 의미 있는 순간들을 다 놓치기도 한다. 불행한 일을 겪어서 불행해진다기보다 불행해질까 봐 불안해하다가 행복과 멀어지는 것이다. 그러나 불안을 대하는 태도에 따라 삶의 질은 얼마든지 달라질 수 있다. 이 책은 어느 날 맞닥뜨린 죽음의 공포 앞에서 의연하게 그리고 또 다정하게 자신을 달래며 자기 길을 걸어 본 한 여인의 고백이다. 그래서일까, 내용이 어렵지 않고 주인공의 서사가 오히려 성장 소설처럼 자못 흥미진진하다.

책을 읽는 동안 자신도 모르게 주인공의 마음에 접촉하여 같이 울고 웃으며 같은 시선으로 바라보고 느끼는 신기한 체험을 하게 될 것이다. 그리고 마침내 주인공의 이야기를 자신의 삶에도 투영하게 될 것이다. 책장을 넘길수록 독자들 역시 이 책의 주인공처럼 어떤 일이 있더라도 불안과 고통 너머 존재하는 자기 삶의 진정한 가치와 의미를 찾게 되기를 응원한다.

시작하며

삶은 우리에게
완벽함을
바라지 않는다

당신이 가장 두려워하는 곳에 당신이 진정으로 원하는 삶이 숨어 있다.

-조지프 캠벨

작고 긴 창문이 있다. 아담한 나의 상담실에는 그 하나뿐인 창으로 햇살이 제법 들어온다. 건물이 남향으로 자리 잡은 덕에 그 햇살은 겨울에도 곧고 깊다. 작년 11월, 그날도 나는 그곳에 앉아 있었다. 내담자와 상담을 하기로 한 저녁까지는 시간이 많이 남아 있었고, 공기는 서늘했지만 창문 틈 사이로 스며드는 길고 네모난 빛줄기 덕분인지 찬 공기 속에 묘한 따스함이 감돌았다. 햇살이 바닥에 닿는 풍경에서 맑은 소리가 날 것 같았다. 겨울의 고즈넉한 볕이 무척 고맙게 느껴졌다.

두툼하고 포슬포슬한 숄을 어깨에 걸치고 노트북 앞에 앉아 의미 없는 인터넷 기사들을 무심히 읽었다. '책을 봐야지'라고 생각하면서도 정작 펼치기까지는 그토록 긴 준비 동작이 필요한 날이 있다. 그러던 중 갑자기 눈이 빠질 듯한 피로가 밀려왔다. 어젯밤에 잠을 설쳤나? 잠깐 기억을 더듬어 봤지만, 딱히 그러지도 않은 것 같았다. 그런데 이상하게도 몸이 좋지 않다는 느낌이 들었다.

시간이 꽤 지난 지금에 와서 그때의 감각을 하나하나 되짚는 일에 무슨 의미가 있을까 싶지만, 이상하게도 그날의 기억은 색감이 뚜렷한 그림처럼 여전히 생생하다.

신경을 간질이는 불안함, 숨을 쉴 때마다 가슴 한편에서부터 밀려오는 답답함, 어디서부터 시작됐는지 알 수 없는 불편한 긴장감. 초조와 불안이 얽힌 기분이 서서히 번지고 있었다. 무의식적으로 자꾸 창밖을 본 이유는 잠시나마 그 기분과 거리를 두고 싶어서였을 것이다.

그때 갑자기 휴대폰 진동이 울렸다. 평소보다 더 세고 묵직하게 느껴졌다. 나는 책상 위에서 혼자 드르륵 소리를 내는 그것을 얼른 집어 올렸다. 발신자의 정보가 한눈에 들어왔다. 순간 미세하게 몸이 굳었다. 일주일 전 내가 건강 검진을 받은 병원에서 온 전화였다.

몸이 먼저 알았던 걸까, 아니면 마음이 먼저였을까. 그 순간 '언젠가부터 이 전화를 기다리고 있었구나'라는 이상한 생각이 들었다. 그렇게 나에게도 '그날'이 도착했다. 오래전부터 우주 어딘가에서 날아오던 메시지가 지금 막 내 손에 닿은 것처럼 느껴졌다. 나는 그렇게 암 환자가 됐다.

유방암은 엄마가 앓던 병이기도 했다. 그 병은 끝내 엄마를 데려갔다. 전화를 끊고 나자 심장이 격하게 뛰었다. 나는 공포에 짓눌려 입을 열었다.

"엄마 나 어떻게 해…."

그렇게 중얼거리고 나서야 나는 내가 정말 엄마에게 말하고 있다는 것을 깨달았다. 유방암 재발과 전이로 투병하시다가 어느 날 갑자기 장난처럼 세상을 떠나 버린 엄마. 그때 나에게 '유방암'이라는 단어는 '죽음'이라는 단어와 다르지 않았다. 속절없이 사그라들던 엄마의 퀭한 눈동자가 자꾸만 떠올랐다.

이 책은 유방암 진단을 받은 후 펼쳐진 내 삶에 관한 것이다. 불행한 소식이었지만 달리 할 수 있는 일이 없으니, 정신을 붙잡고 수술과 치료를 하며 시간을 잘 보내리라 다짐했다. 그러나 몸에 남은 수술 자국은 점점 옅어지는 반면, 마음에는 진하고 독하고 찐득찐득한 불안과 우울이 단단히 자리 잡아 갔다.

불행은 우리가 마음의 준비를 하지 않은 어느 날 갑작스럽게 날아든다. 닥치지 않기를 아무리 바라며 계획하고 준비해도 결국 그리되기 마련이다. 그때 우리는 그 상황을 평온하고 침착하게 받아들일까? 아니다. 우리는 걱정하기 시작한다. 그리고 그 걱정에 대해 또 걱정하고, 불안 자체를 불안해하며, 결국 우울한 감정에 휘말려 깊은 바닥으로 가라앉는다.

결국 이 책은 나의 불안에 관한 이야기다. 나는 이혼 후 두 아이를 혼자 양육하며 명상심리상담학 전공으로 박사 과정을 시작한 호기롭고 철없고 평범한 초보 상담사였다. 그런 내가 유방암 진단을 받고 인생이 갑자기 꼬여 버리며 마주한 냉혹한 현실에 관한 이야기다.

나는 빗어나려고 기를 쓰고 있었다. 그렇게 몸부림치다 만난 수용전념치료의 주요 기제들은 나의 마음과 생각을 보듬어 줬다. 그러자 어느새 삶의 방향이 조금씩 달라졌고, 나는 내 안에 미약하게나마 새로운 길을 만들 수 있었다. 이 기록은 그 고된 '셀프 심리 치료'의 여정이자, 심리 상담사의 '불안 사용 설명서'다.

내 삶을 강건하게 끌어올린 수용전념치료는 불안을 없애는 방법을 제시하지 않는다. 오히려 불안에서 벗어나려고 애쓰던 행동을 멈추고, 그 감정을 딛고 일어서라고 말한다. 불안을 느끼는 순간 우리의 몸과 마음에서 일어나는 모든 작용을 면밀하게 살펴보고, 그것들을 부드럽고 온건하게 받아들이라고 안내한다. 또한 삶의 새로운 가치를 온전하게 받아들여 우직하게 이 삶에 전념할 수 있게 이끈다. 그런 이 책은 유난히 고통스러웠던 삶의 한 모퉁이를 수용전념치료 이론을 직접 실천하고 경험하고 체화함으로써 슬며시 지날 수 있었던 애틋한 한 인간에 관한 이야기다.

개인사를 세상에 내놓기로 결심한 이유는 나와 당신이 다르지 않을 것 같아서다. 누구나 '삶의 가치'라는 무형의, 그러나 무엇보다 중요한 것에 대해 생각할 때가 있다. 그런 순간에 우리는 슬픔을 통해 그 의미를 알아 간다. 아픔도, 불안도, 우울도, 그저 삶의 중요한 의미를 깨닫게 해 주는 길목에 불과하다는 것을 이 책을 통해 말하고 싶었다.

누구나 고통스러운 시간을 지나쳐 간다. 그 시간이 주는 상처를 부드럽게 감싸안고 다스리면 결국 그 상처는 아문다고 나는 믿는다.

삶은 우리에게 완벽함을 바라지 않는다. 대신에, 묻는다. 부서지면서도 계속 걸어갈 용기를 갖고 있는지. 이 책은 그 물음에 대한 대답이다. 당신도 자신의 답을 찾기를 응원하며, 그 여정에 이 책이 도움이 되기를 바란다.

가이드

인생을 바라보는 새로운 시선 수용전념치료

삶은 우리에게 묻는다.

"수치심, 불안, 혼란 같은 감정이 몰려올 때, 당신은 어떻게 할 것인가?"

이 질문은 그리 단순하지 않다. 이 질문은 매일의 삶 속에서 우리가 어떤 사람으로 존재할 것인지, 어떤 방향으로 걸어갈 것인지를 성찰하게 한다. 우리는 불편하고 고통스러운 감정을 맞닥뜨리면 움츠러들고 때로는 아무것도 하지 못한다. 그러나 그 감정 자체를 적으로 여기고 피하는 순간, 우리는 삶의 중요한 흐름을 놓치고 만다.

수용전념치료(Acceptance and Commitment Therapy, ACT)는 바로 이런 문제의식을 품고 태어난 이론이다. 수용전념치료는 고통을 억누르거나 제거하는 데 주력하지 않는다. 대신 마음이 보내는 신호를 있는 그대로 받아들이고 삶의 가치와 목표에 따라 용기 있게 나아가도록 돕는다. 그렇기에 수용전념치료는 단순한 심리치료가 아니라 마음과 행동을 연결하는 철학이자 실천이다.

고통 속에서 길을 찾은 사람, 스티븐 헤이스

수용전념치료의 창시자 스티븐 헤이스(1948~)는 미국의 임상심리학자로, 현재 네바다 대학교 리노 캠퍼스의 심리학과 석좌교수다. 그는 행동주의 전통 속에서 출발했지만, 고전적 행동치료와 인지행동치료의 한계를 넘어서는 새로운 접근을 모색했다.

헤이스는 30대 초반에 공황 장애로 극심한 고통을 겪었다. 어느 날, 두려움과 혼란이 한꺼번에 몰려오던 순간에 그는 그것을 회피하지 않고 직면했다. 심장이 터질 듯 뛰고 숨이 막히는 상황에서 그는 오히려 내면의 중심과 연결되는 경험을 했다. 그 순간 그는 깨달았다. 고통과 두려움이 존재한다고 해서 삶이 멈추는 것은 아니라는 것을. 오히려 그 순간을 온전히 받아들이고 함께 걸어가는 것이 회복과 자유의 시작임을 몸과 마음으로 알게 됐다.

이 경험은 단순한 개인적 깨달음을 넘어 수용전념치료 철학의 근간이 됐다. 그는 인간의 언어와 사고가 어떻게 고통을 증폭시키는지 탐구하고자 '관계구성틀 이론(Relational Frame Theory, RFT)'을 발전시켰다. 이 이론은 언어가 단순한 의사소통 수단을 넘어 인간의 심리적 고통을 만들어 내는 동시에 치유의 열쇠가 될 수 있음을 보여 준다.

또한 그는 기존의 정신 의학적 진단 체계, 특히 '정신 질환 진단 및 통계 편람(Diagnostic and Statistical Manual of Mental Disorders, DSM)'에 비판적인 입장을 견지했다. DSM이 제시하는 병명과 분류는 인간 심리의 복잡성과 다양성을 충분히 담지 못하며, 진단 중심의 접근은 오히려 개인의 고통을 고정된 범주로 축소시킬 수 있다고 봤다. 헤이스에게 중요한 것은 진단명이 아니라 개인이 삶 속에서 경험하는 고통을 어떻게 받아들이고, 그 속에서 어떻게 의미 있는 행동을 이어 갈 수 있는가였다. 수용전념치료는 바로 이런 관점에서 특정 증상이나 진단에 얽매이지 않고 심리적 유연성과 현재 경험에 초점을 맞춘다.

헤이스는 DSM 자체를 완전히 부정하지는 않는다. 그러나 임상 실천에서 무엇보다 중요한 것은 환자의 주관적 경험과 실제 삶의 기능이라는 점을 강조했다. 그는 심리 현상을 병리적 진단으로만 환원하기보다 넓은 맥락에서 이해하는 접근이 필요하다고 봤다. 이런 태도는 곧 수용전념치료의 기본 철학과도 맞닿아 있다.

그는 수용전념치료(ACT)를 단순히 'A, C, T'라고 알파벳으로 부르는 대신 '액트(act)'라고 발음해 주기를 바랐다. 왜냐하면 수용전념치료의 핵심은 생각을 넘어서 가치에 따라 행동하는 것, 즉 실천(act)하는 데 있기 때문이다. 심리적 자유와 회복은 머릿속 이론이 아니라 작은 걸음 하나의 실천에서 비로소 시작된다는 점을 그는 강조했다.

그의 메시지는 단순하면서도 힘이 있다.

"고통은 피해야 할 장애물이 아니라 우리가 가치 있는 삶을 향해 나아갈 때 동행하는 손님이다."

수용전념치료의 연구와 임상적 성과

수용전념치료는 국내외에서 다양한 연구를 통해 그 효과가 입증됐다.

국내 연구에서는 불안, 우울, 트라우마, 사회불안, 집중력 문제 등에서 의미 있는 효과가 확인됐다. 고려대 연구 팀은 불안장애를 가진 54명을 대상으로 10회기 집단 수용전념치료를 실시해 상태 불안과 우울이 유의미하게 완화되고 마음챙김과 자기 연민이 증가함을 확인했다. 아동기 외상 청소년을 대상으로 한 8회기 수용전념치료 연구에서는 자아 탄력성과 자아 존중감이 상승하고 외상 후 스트레스가 감소하는 효과가 나타났으며, 1개월 추적 시에도 유지됐다. 대학생과 고등학생을 대상으로 한 연구에서도 사회적 자신감과 집중력 향상, 회피성 사고 감소 등 긍정적 변화가 보고됐다.

해외 연구 역시 수용전념치료의 효과를 뚜렷하게 보여 준다. 사회불안장애 환자 대상 연구에서는 수용전념치료가 단순히 불안을 줄이는 것에 그치지 않고, 타인의 시선을 덜 두려워하며 삶의 질을 향상시키는 변화를 이끌어 냈다. 연구자들은 특히 '수용'과 '인지적 탈융합'이 이런 변화를 매개하는 핵심 과정임을 확인했다.

우울증 환자들을 대상으로 한 11개 임상 시험 메타 분석에서는 수용전념치료가 우울 증상을 유의미하게 감소시켰으며, 효과 크기는 중간 이상으로 나타났다. 무엇보다 중요한 점은 수용전념치료가 사람들의 심리적 유연성을 강화해, 고통이 사라지지 않더라도 가치 있는 길을 선택할 수 있는 힘을 길러 줬다는 것이다.

브라질의 사회불안 연구에서는 수용전념치료 참여자들이 자기 자신을 덜 수치스럽게 여기고, 감정을 더 유연하게 다루며,

자기 연민을 회복하는 경험을 한 것으로 나타났다. 치료가 끝난 후에도 이런 변화는 유지됐다.

수용전념치료의 최신 응용과 확장

최근 수용전념치료는 다양한 영역에서 응용되며 적용 범위를 넓히고 있다.

수용전념치료를 기반으로 한 워크숍과 다양한 디지털 프로그램이 업무 압박과 스트레스 상황에서도 개인이 자신의 가치에 기반해 행동하도록 돕도록 개발되고 있으며, 불안을 단순히 줄이는 것을 목표로 하지 않고 행동 선택의 가능성을 확장하는 데 초점을 둔다.

또한 자기 연민과 결합해 불안, 우울, 외상 후 스트레스 등에서 개인이 자신에게 친절하면서도 가치 있는 행동을 선택하도록 돕는다. 연구 결과, 이런 접근은 정서적 회복력과 행동적 전념을 동시에 강화하는 효과를 보여 준다.

수용전념치료는 연령대와 상황에도 제한을 두지 않는다. 청소년, 성인, 노인 모두에서 적용 가능하며, 삶의 의미 회복, 자기효능감 강화, 회피적 사고 감소 등 구체적 변화를 도출할 수 있다. 이처럼 수용전념치료는 단순히 증상을 완화하는 치료법을 넘어 삶의 태도와 방향을 바꾸는 심리적 실천으로 자리매김

하고 있다.

스티븐 헤이스는 TED 강연에서 이렇게 말했다.

"자기 자신에게 친절하고 자비로운 태도로 설 때 삶은 열린다. 그리고 그 사랑으로 세상에 의미 있는 기여를 할 수 있다. 사랑이 전부는 아니지만, 사랑만이 유일한 것이다."

수용전념치료는 바로 이 길을 안내한다. 고통을 피해 달아나지 않고, 자신과 삶에 친절하며, 가치 있는 행동을 선택하는 여정. 그것이 바로 심리적 자유로 향하는 길이며, 삶을 온전히 살아가는 방법이다.

○ **차례**

추천사	불안 속에서도 빛을 잃지 않는 마음을 위한 여정 ｜ **문진건**	⋯ 004
추천사	불안 너머 존재하는 나의 가치를 찾기 위하여 ｜ **이정미**	⋯ 005
시작하며	삶은 우리에게 완벽함을 바라지 않는다	⋯ 006
가이드	인생을 바라보는 새로운 시선 수용전념치료	⋯ 011

1장
생각은 왜 나를 불안하게 만드는가?
당신의 잘못이 아닌 당신의 불안

1-1 고통과 괴로움 그 어둠에 관하여	⋯ 025
1-2 할 수 없는 순간에 우리가 할 수 있는 일	⋯ 033
1-3 흰곰을 절대 생각하지 마세요	⋯ 040
1-4 나를 몰아붙이는 그 목소리	⋯ 047
1-5 내 머릿속의 영화관	⋯ 053

2장
불안이라는 감정 관찰하기
인지적 탈융합

2-1 생각이 보는 것이 아니라 생각을 보는 것이다	⋯ 063
2-2 나는 우울하다는 생각을 하고 있구나	⋯ 072
2-3 이번 팝콘은 사양할게요	⋯ 079
2-4 나뭇잎에 띄워 보낸 고라니	⋯ 086
2-5 엄마, 나 좀 안아 줘	⋯ 094

3장
마음의 저항 내려놓기
수용

3-1 마음에게 공간을 제공합니다	⋯ 103
3-2 기꺼이 경험한다면 나를 통과해 간다	⋯ 109
3-3 삶이라는 녀석의 골수를 전부 빨아먹고 싶다	⋯ 115
3-4 당신 삶의 버스 운전사	⋯ 120
3-5 가냘픈 꽃을 손에 쥐듯이 고통을 쥐기로 한다	⋯ 128

4장
지금 여기에 머무는 연습
현재와의 접촉

4-1 연약할지라도 사그라들지는 않는 마음	⋯ 139
4-2 잠깐 기다려! 이 일만 끝내고…	⋯ 147
4-3 숨 막히는 벅찬 순간이 얼마나 많았는가?	⋯ 154
4-4 마음이 호흡에서 벗어날 때 해야 할 일	⋯ 161
4-5 그대는 깨어나고 있다, 무엇이 두려운가?	⋯ 169

5장
진짜 나를 찾아가는 과정
맥락으로서의 자기

5-1 나는 내 삶이 펼쳐지는 맥락　　　　　　　　… 179
5-2 당신의 생각보다 당신은 더 크다　　　　　　… 185
5-3 난 매일 바뀌는데 넌 그대로라서 좋아　　　　… 190
5-4 우주적 시각으로 나를 바라보는 법　　　　　… 196
5-5 아! 이제는 내가 누구인지 알겠어요　　　　　… 201

6장
고통 옆에 있는 내 삶의 가치
자기연민의 힘

6-1 그날, 이층 침대 아래에서　　　　　　　　　… 209
6-2 당신의 고통이 있는 곳에 당신의 가치가 있다　… 216
6-3 기진한 삶 속에도 신비는 있다　　　　　　　… 222
6-4 차가운 영원보다 뜨거운 지금　　　　　　　… 227
6-5 자신의 장례식 참석하기　　　　　　　　　　… 234

7장
불완전한 채로 완전히 살기
전념

7-1 중요한 문제들은 전 생애로 대답한다 ⋯ 245
7-2 고통과 기쁨은 같은 문으로 들어온다 ⋯ 252
7-3 놀이처럼 존재하라 ⋯ 258
7-4 절망속에서 춤추는 거인의 흔적 ⋯ 264
7-5 누구나 한 번은 길을 잃고 누구나 한 번은 길을 만든다 ⋯ 270

8장
감정의 고통으로부터 자유로워지기
지속 가능한 삶

8-1 깨진 틈을 금으로 메우는 마음 ⋯ 279
8-2 내가 나에게 주는 가장 큰 사랑 ⋯ 286
8-3 모두가 특별하지 않다면 모두가 특별하다 ⋯ 293
8-4 삶은 사진보다 선명해진다 ⋯ 299
8-5 내 마음이 평안하기를 바랍니다 ⋯ 305

마치며 더 이상 나를 소모하지 않는 불안 ⋯ 314

지금 이 순간
우리는 당신이 의미 있고 활기찬 삶을 선택하는 데
필요한 모든 수단을 갖고 있다고 믿는다.
당신에게는 그런 기회가 있고
당신의 가치를 위해 살 수 있는 실제적인 능력도 있다.

목표를 달성하는 과정에서
모든 상황이 순조로울 것이라는 의미가 아니다.
결과가 보장된다는 의미도 아니다.
또한 당신이 목표 달성에 필요한
모든 기술을 갖고 있다는 의미도 아니다.

다만
당신은 방향을 선택하는 데 필요한
모든 것을 지니고 있다는 뜻이다.

|

스티븐 헤이스(수용전념치료 창시자)

1장

생각은 왜 나를 불안하게 만드는가?

당신의 잘못이 아닌 당신의 불안

1-1
고통과 괴로움
그 어둠에 관하여

고통은 피할 수 없지만, 괴로움은 선택이다.

-샤론 샐츠버그(미국의 명상가)

새벽이 어김없이 밀고 들어왔다. 잠을 청해 보려 초저녁부터 억지로 몸을 눕혔건만, 나는 이른 저녁의 서늘한 침묵과 밤의 무겁고 질식할 듯한 고요를 그대로 감내한 채 구부정한 어깨로 새벽의 맑은 얼굴을 견뎌 내고 있었다.

몇 해 전, 남편과 이혼한 뒤로 나는 혼자 잔다. 이제는 홀로 자는 데에 그런대로 익숙해졌다고 믿었는데, 수술 직후의 몸은 나에게 쉽게 잠을 허락하지 않았다. 옆으로 돌아눕는 일조차 조심스러운 고행이 돼 버린 것이다. 이쪽으로도 저쪽으로도 마음

기댈 곳 없는 밤이 그렇게 또 지나가고 있었다. 잠을 청하려는 의지와 무기력하게 뒤척이는 몸 사이에서 나는 가라앉았다.

나와 두 아이는 흔히 말하는 전원주택에 산다. 교외의 끝자락에 자리한 이층집인데, 도시의 평범한 주택보다는 멋이 있다. 층고가 높은 천장이 지붕 선을 따라 위로 솟아 있고, 그 아래에 거대한 샹들리에 전등이 바닥과 상당한 거리를 두고 달려 있다. 고요한 새벽빛을 받은 샹들리에 전등의 유리 표면이 윤곽을 드러냈다. 나는 그 미세한 변화를 바라보며, 마치 그것이 나와는 아무런 관련이 없는 세상의 풍경인 양 숨을 얕게 들이마셨다. 시간이 흘렀다. 입술이 말라붙었다. 갈라진 입술 사이로 차가운 신음이 흘러나왔다.

3월의 아침, 아직 보일러가 돌아가는 방 안은 훈훈했지만 내 손과 발은 피가 돌지 않는 사람의 것처럼 새파랗고 차갑게 식은 채였다. 밤새 제대로 잠들지 못한 채 또 아침을 맞게 된 것이다. 오늘 하루를 또 어떻게 견딜까 싶어 불안이 목덜미를 죄고 다가왔.

나는 조심스럽게 한 손으로 수술 부위를 받치고 침대에서 일어나 아이들이 잠들어 있는 방으로 들어갔다. 아직 한 방에서 이층 침대를 쓰는 사이좋은 남매. 몸을 구부려 새우등을 한 채 딸아이 옆에 슬며시 누웠다. 소담스럽고 따뜻한 아이의 발에 나의 핏기 없고 차가운 발을 대자 아이가 부스스한 꼴로 눈을 떴다.

"앗! 미안. 엄마 때문에 놀랐구나?"

아이는 잠이 덜 깬 눈으로 나를 멍하니 바라보다가 아무 말 없이 몸을 휙 돌려 벽을 향해 누웠다. 그 작은 등이 천천히 오르내리며 다시 깊은 숨결에 잠기려 할 즈음, 나는 조심스레 손을 뻗어 아이의 등에 내 찬 손을 댔다. 손끝으로 느껴지는 따뜻한 체온에 순간 움찔했지만 나는 손을 거두지 않았다. 아이들을 학대하는 매몰찬 엄마는 아닐진대 그 새벽, 나는 그저 누군가의 온기가 간절했다. 나는 혼잣말처럼 중얼거렸다.

"엄마랑 같이 자면 안 될까?"

내 마음은 이미 불안으로 진흙탕이 된 채였다.

'수술은 정말 완벽하게 끝난 걸까?'
'혹시라도 의사가 못 본 암세포가 남아 있는 건 아닐까?'
'재발하면, 전이되면, 나는 또 뭘 견뎌야 하지?'
'이제는 남편도 없는데 나 혼자 이 고통을 어떻게 감당하지?'
'우리 애들은… 이 어린 것들은 어떻게 하지?'

밤새 그런 질문들이 꼬리를 물며 머릿속을 뒤흔들었다. 생각은 감정이 됐고, 감정은 점액질처럼 몸속을 떠다니며 무게를 더했다. 우울했고, 후회스러웠다. 그러다 보면 이런 고통을 겪는 사람이 세상에 나 하나뿐인 것 같은 완벽하고도 비현실적인 고립감에 휩싸이기도 했다.

고통과 괴로움의 차이

우리는 때때로 깊은 슬픔에 잠기고, 분노에 불타며, 좌절과 허무에 빠진다. 그런 감정들은 하나둘 쌓이기 시작하는 듯하다가 어느새 파도처럼 몰려와 우리를 휩쓸고 지나간다. 고통이 찾아오고, 우리는 저항하거나 회피하다 끝내 괴로움에 잠겨 버린다. 그렇다면 고통과 괴로움, 이 둘은 과연 같은 것일까, 아니면 다른 것일까?

우리는 모두 살아가며 피할 수 없는 고통을 겪는다. 원인은 다양하다. 질병일 수도 있고, 갑작스러운 이별이나 상실일 수도 있다. 때로는 나의 실수와 선택이, 때로는 타인의 말 한마디나 무심한 태도가 이유가 되기도 한다. 고통은 우리를 비켜 가는 법이 없다. 마치 거부할 수 없는 계절처럼, 때로는 무심하게, 때로는 가차 없이 찾아온다. 그리고 그 고통에는 현실에 발을 딛고 있는 육체의 오감처럼 명확하고 구체적인 실체가 있다. 그것은 내 몸에 남겨진 수술 자국처럼, 손끝으로 짚을 수 있는 어떤 감각 같은 것이다.

하지만 괴로움은 다르다. 괴로움은 고통 그 자체가 아니다. 괴로움은 고통이라는 현실에 내가 덧붙인 수많은 생각과 해석, 의미와 상상이다. 고통이 상처라면 괴로움은 그 상처 위에 내가 자꾸만 들이대는 질문이다. '왜 하필 나인가?', '이 일은 나에게 어떤 의미인가?', '앞으로 나는 어떻게 살아가야 하는가?', '전처럼 다시 행복해질 수 있을까?', '이 망할 고통은 도대체 언제까지 계속될까?', 그런 질문들이 내 안에서 끝없이 맴돌며 감정의 소용돌이를 만들어 낸다. 때로 그것들은 스스로를 겨냥한 비난이 되기도 하고, 삶 전체를 부정하게 만드는 체념이 되기도 한다. 나는 분명 고통을 피하려고 했지만, 아이러니하게도 회피하려는 태도 속에서 괴로움이 자라난 것이다.

붓다는 제자들에게 이런 이야기를 했다.

누군가가 화살에 맞았다고 생각해 보라. 그 화살은 피할 수 없는 고통이다. 그런데 그 사람이 왜 내가 맞았는지, 누가 쏜 것인지, 얼마나 아플지, 앞으로 어떻게 될지 계속 생각하며 괴로워한다면, 그는 스스로 두 번째 화살을 쏘는 셈이다.

이어서 붓다는 이렇게 말했다.

첫 번째 화살은 인생에서 우리가 피할 수 없는 고통이다. 하지만 두 번째 화살은 우리가 만들어 낸 괴로움이다.

그것은 나의 이야기였다. 고통이 생긴 이유를 찾으려 하고, 고통을 정당화하거나 무력화하려 드는 그 모든 일들이 괴로움의 실체였다. 내가 지어낸 서사와 해석과 신념, 그리고 그것을 바꾸거나 버릴 수 없다는 완고한 마음이 나를 더 깊은 수렁으로 끌고 간 것이다. 붓다의 말처럼, 나는 필연처럼 다가온 고통이라는 첫 번째 화살 위에 나 스스로 수없이 많은 두 번째 화살을 퍼붓고 있었다.

고통은 피할 수 없지만 괴로움은 내가 어떤 태도를 취하느냐에 따라 피할 수도, 아닐 수도 있다. 우리는 모두 고통에 시달리지만, 고통을 바라보는 방식과 그것에 어떤 의미를 부여하고 어떤 관계를 맺느냐는 우리의 몫인 것이다. 고통은 내게 제 발로 찾아왔다. 하지만 괴로움은 내가 만들어 낸 것이었다. 그렇다면 고통을 받아들이는 방식을 바꿀 수 있을까? 내가 고통과 공존하는 법을 배운다면, 그 안에서 괴로움 없이 살아갈 수도 있을까?

그날 아침, 딸아이가 말했다.

"엄마, 이제 나랑 같이 자자."

그 이후로 딸아이는 내가 불면증을 극복할 때까지 자신의 조그마한 등을 내주며 나와 같이 잠들었다. 어느 맑은 날 아침 동이 틀 무렵, 나는 아직 잠의 끝자락에 걸려 있는 아이의 볼을 조심스럽게 쓰다듬었다.

"우리 딸, 잘 잤어?"

아이는 팔다리를 이불 속에서 사방으로 뻗더니 가느다란 몸을 활처럼 들어 올리며 길게 기지개를 켰다. 그러고는 한없이 맑고 초롱초롱한 눈으로 나에게 말했다.

"아니! 엄마가 이불 다 뺏어 가서 잘 못 잤어!"

거짓말이다. 아이는 밤새 내 곁에서 사랑스럽다 못해 부러울 만큼 고요하고 단단히 숨 쉬며 푹 잠들어 있었다. 그 따뜻한 숨결을 느끼며 나는 여전히 여러 번 깼지만 왠지 감사하다는 생각이 들었다. 아이의 투정 섞인 말투에 피식 웃음이 나왔다. 다정한 거짓말이 주는 평화와 이토록 평범한 하루의 시작이, 어째서인지 충분히 고마웠다.

잠들지 못한 채 온 밤을 차디찬 맨발로 헤매던 지난날의 무거운 질문들과 감정들이 아직 완전히 사라진 것은 아니다. 하지만 그 모든 것을 품고도 하루를 시작할 수 있다는 사실이 조용한 위로처럼 다가왔다. 여전히 고통은 존재하지만, 괴로움은 조금 옅어졌나 보다.

📝 심리학 노트

고통(pain)은 삶에서 피할 수 없는 현실적 경험이다. 질병, 상실, 실망처럼 외부 자극에서 오는 불가피한 감각이며, 모든 인간이 살아가면서 어쩔 수 없이 겪는다. 하지만 괴로움(suffering)은 그 고통에 우리가 덧붙인 해석과 반응이다. 우리는 끊임없이 '왜 하필 나인가?', '앞으로 어떻게 살아가야 하는가?'라고 생각하며 심리적 고통을 만들어 낸다.

수용전념치료에서는 이 둘이 분명히 다르고, 그러므로 고통은 수용하되 경험을 있는 그대로 받아들이고 그것과 새로운 방식으로 관계를 맺는 연습을 하면 괴로움을 줄일 수 있다고 본다.

불교의 '두 번째 화살' 비유 또한 같은 관점을 담고 있다. 첫 번째 화살은 피할 수 없는 고통이고, 두 번째 화살은 스스로 만든 해석과 저항이다. 수용전념치료는 바로 그 두 번째 화살을 내려놓는 심리적 유연성을 강조한다.

고통은 현실이고, 괴로움은 이야기다. 고통은 피할 수 없지만, 괴로움과는 다른 방식으로 살아갈 수 있다.

1-2
할 수 없는 순간에 우리가 할 수 있는 일

> 스스로를 있는 그대로 받아들이자 나는 변하기 시작했다.
>
> -칼 로저스

"김 선생님이 할 수 있는 일은 아무것도 없어요."

유방암 진단을 받고 얼마 지나지 않았을 무렵, 박사 과정 지도 교수님께서는 내게 그렇게 말씀하셨다. 그때 나는 마음이 심란하고 집중이 되지 않아 학기를 제대로 마무리하지 못하고 있었다. 그런 나를 걱정하신 교수님은 조심스럽게 연락을 주셨다.

"학교에 한번 나와 보세요."

그 짧은 메시지를 받자 감사함과 죄송함이 동시에 밀려왔다. 나 같은 제자가 마음에 걸리셨다니 감사했고, 동시에 괜히 신경을 쓰시게 한 것 같아 죄송했다. 그 당시 나는 삶의 방향을 잃은 것처럼 휘청였다. 물론 그런 와중에도 스스로에게 수없이 다짐했던 것 같다.

'괜찮다. 나는 괜찮다. 정신을 차려야 한다.'

감정들이 얽히고설켜 여전히 머릿속이 복잡했지만, 그럴수록 이 상황을 빠르게 처리하고 정리해야만 한다는 생각이 강하게 들었다. 교수님을 뵙고 말씀드렸다. 이제 좀 괜찮아졌다고. 마음을 다잡고 정신을 차리려 한다고. 아마도 필사적으로 애쓰고 있다는 함의가 느껴지는 말들이었을 것이다. 교수님은 그런 나를 가만히 기다려 주셨다. 내 말이 끝나자 교수님은 천천히 눈을 맞추며 내게 말씀하셨다.

"무엇을 하려고 마음먹지 마세요. 만약 무엇인가를 꼭 해야겠다면 누구에게든 무엇이든 그저 기도하세요. 지금 김 선생님이 할 수 있는 일은 아무것도 없어요."

그 말을 듣자 나는 오래전부터 짊어지고 있던 무엇인가를 조심스럽게 내려놓아도 될 것 같았다. 마치 주문에 걸린 기분이었다. 아무것도 할 수 없다는 말이 왜 이렇게 따뜻하게 들릴까.

교수님의 말씀은 '너는 무력하다'는 것이었지만 이상하게 위로가 됐다. 내 안 어디인가 깊은 곳에서 오히려 안도의 숨이 흘러나왔다. '아무것도 할 수 없다'는 진단은 '이제는 애쓰지 않아도 된다'는 허락 같았다. 그 순간까지도 나는 어쩌면 '나답게 잘 이겨 내야 한다'고 생각하고 있었는지도 모른다. 갑자기 삶 속으로 들이닥친 암이라는 불청객 앞에서 두렵고 혼란스러우면서도 얼른 이 고통에서 벗어나야 한다는 조바심에 사로잡혀 있었던 것이다.

죽음, 엄마, 아이들, 부병, 후회, 슬픔, 자책…. 이런 단어들과 엮인 생각과 감정 들이 쉼 없이 머릿속을 떠다녔다. 그 당시에 나는 그것들을 몰아내려고 애쓰고 있었다. 어떻게든 통제하고 싶었다. '이런 생각은 도움이 되지 않아', '지금은 이런 감정을 느끼면 안 돼'라면서 스스로를 밀어붙였다.

고통을 통제하려는 시도의 역설

수용전념치료를 개발한 스티븐 헤이스는 이와 같은 심리적 통제가 '문제 자체보다 더 큰 문제'라고 말한다. 사람은 누구나 고통을 피하고 싶어 한다. 고통은 불쾌하니 당연하다. 그런데 고통을 없애려고 사용하는 심리적 전략들, 예컨대 부정, 회피, 억압, 감정적 무감각화 같은 방법들이 오히려 고통을 증폭시킨다는 것이다.

처음 접했을 때 수용전념치료는 낯설고 생소하게 느껴졌다. 고통을 회피하지 말고 수용하라는 이야기는 내 생각과는 완전히 다른 접근법이었기 때문이다. 나는 늘 고통을 회피하고 싶었고, 부정적인 감정을 떨치려고 애쓰며 살아왔다. 하지만 수용전념치료는 그런 방법이 문제를 더 키운다고 말한다. 통제하려 할수록 오히려 고통에 더 사로잡히게 된다는 것이다.

우리는 어린 시절부터 무언가를 '잘해야 한다'는 메시지를 반복적으로 내면화하며 자란다. 착한 아이는 울지 않아야 하고, 불만을 드러내지 말아야 하며, 감정을 통제할 줄 알아야 한다고 배운다. 물론 악의가 아니라 선한 의도에서 그리 가르치는 경우가 많다. 부모, 교사, 우리를 키운 사람 들은 그것이 좋은 삶이라고 믿었을 것이다.

나의 부모님도 그러셨다. 부모님은 나를 사랑했고, 나는 그들의 기대 속에서 자랐다. "잘해라"라는 말 속에는 큰 사랑이 담겨 있었지만, 그 말은 암묵적으로 나에게 '고통을 잘 견디는 것'이 중요한 가치라는 메시지를 전달했을 것이다. 그 때문에 어린 시절의 나는 내가 느끼는 감정을 억제하고, 긍정적인 마음을 가져야 한다고 믿게 되지 않았을까? 그렇게 메시지를 내면화하고 '잘해야 한다'고 스스로를 압박하지 않았을까?

얼마 전, 본가에 다녀왔다. 남동생들, 올케들, 그리고 조카들까지 모두 모여 오랜만에 집 안이 북적였다. 웃음과 농담이 오갔고, 아빠는 떠들썩한 자식들 사이에서 조용히 미소를 지으셨다. 아빠의 미소를 보니 마음이 한결 가벼웠다. 그러다 밤이 되고, 집으로 돌아가야 하는 나는 또다시 혼자가 될 아빠를 현관 앞에서 엉거주춤하게 안아 드렸다. 그리고 밖으로 나오려는데, 구부정한 등을 하신 아빠가 말씀하셨다.

"잘해라."

문을 닫고 나오는데, 마음 한쪽이 뭉근하게 아려 왔다. 물론 아빠의 "잘해라"라는 말이 무언의 압박만은 아니다. 그 말에는 사랑도, 기대도, 조용한 요구도, 따뜻하고 뭉클한 응원도 함께 묻어 있다. 나는 분명 그 말을 껴안고 자랐다. 때로는 그 말에서 벗어나고 싶기도 했지만 항상 그 말을 이해하려 애써 왔다. 그런 이유에서였을 것이다. 유방암 진단을 받고 난 이후에도 '잘 이겨 내야 한다'고 수없이 다짐했던 것은.

나는 그렇게 익숙한 방식대로 나를 다그치고 있었다. 그런데 교수님께서는 그 모든 '잘하려는 의지'도 결국 통제하고자 하는, 즉 고통을 회피하려는 몸부림이라고 말씀해 주신 것이다. 교수님은 나에게 그 마음마저도 내려놓고 그저 흘러가는 대로 삶을 맡겨 보라고 하셨다. 나는 그 말을 머리로는 이해했지만 감정적으로는 도무지 받아들이지 못했다. 다만 교수님의 말씀이 나를 향한 진심이라는 것, 그리고 내가 몰랐던 어떤 가능성에 대한 안내라는 것만을 어렴풋이 느낄 수 있었다.

시간이 흐르고 나서야 고통을 없애는 것은 해답이 아닐 수도 있음을 나는 알게 됐다. 고통을 있는 그대로 경험하는 태도야말로 진정한 치유의 시작일 수도 있는 것이다.

삶은 우리가 무너진 뒤에야 비로소 그 본모습을 드러내는 것 같다. 그리고 그제야 우리는 자신을 지탱하는 새로운 방식을 배운다. 나는 고통을 피하려는 시도가 삶을 더 빽빽하고 각박하게 만든다는 것을 배웠다.

나는 고통을 품은 채로도 진정 소중한 방향으로 걸어가고 싶다. 아무것도 할 수 없음을 받아들이기. 그것은 포기가 아니다. 무너진 삶 위에 나를 다시 세우는 가장 믿음직한 방법이다.

그 시작은 어쩌면 교수님의 말대로일지 모른다.

만약 무엇인가를 꼭 해야 한다면, 누구에게든, 무엇이든 기도하기.

그저 삶이 지나가도록 허락하기.

📝 심리학 노트

수용-전념치료는 정서적 고통을 피하거나 통제하려는 시도가 역설적으로 고통의 강도를 증폭시킬 수 있다고 본다.

'괜찮아져야 한다', '잘 이겨 내야 한다'는 자기 요구는 감정 억제와 부정적 자기 평가를 촉발하며, 이는 장기적으로 심리적 고통을 유지하고 강화하는 요인으로 작용한다.

이에 따라 수용-전념치료에서는 다음과 같은 태도를 제안한다.

- 고통을 제거하려는 시도 대신 경험을 있는 그대로 수용할 것.
- 감정을 평가하거나 억압하기보다 관찰하고 인식할 것.
- 즉각적 해결이 불가능한 상황에서는 애쓰는 대신 멈추고 수용할 것.

'아무것도 할 수 없음'을 인정하는 행위는 체념이나 포기가 아니다. 심리적 유연성을 기르는 출발점이다. 이런 '수용'의 태도는 회복(resilience)과 전환(transformation)의 기초를 제공한다.

1-3
흰곰을 절대 생각하지 마세요

생각은 사실도 명령도 아니다. 단지 당신의 의식을 스쳐 지나가는 마음의 사건일 뿐이다.

-스티븐 헤이스

하버드 대학교의 사회심리학자 대니얼 웨그너는 1987년에 한 가지 흥미로운 실험을 고안했다. 그는 두 그룹의 학생들에게 서로 다른 지시를 내렸다. 한쪽에는 흰곰을 떠올려 보라고 했고, 다른 쪽에는 절대 흰곰을 떠올리지 말라고 했다. 그리고 머릿속에 흰곰이 떠오를 때마다 종을 치도록 시켰다.

결과는 예상 밖이었다. '떠올리지 말라'는 지시를 받은 학생들이 더 자주 종을 쳤다. 이는 '사고 억제의 역설(paradoxical effect of thought suppression)'이라 불리는 현상이다. 어떤 생각을 하지 않으려 애쓰는 순간, 그 생각은 초대받지 않은 손님처럼 불쑥 들어선다. 떠올리지 않으려는 시도가 오히려 떠올리게 되는 방식이 되는 셈이다. 이 실험은 '흰곰 효과'라는 이름으로 널리 알려져 있다.

나는 중학생인 큰아이에게 이 실험을 시켜 본 적이 있다. 복슬복슬한 흰 털, 둥글둥글한 몸, 앙증맞은 발바닥까지, "자, 마음속으로 흰곰을 한번 생각해 봐"라고 말했다. 아이도 금세 눈치를 챘는지 "엄마가 뭘 원하는지 알 것 같아"라며 호기롭게 받아들였다. 그런 뒤 나는 아이에게 이제 눈을 감고 1분 동안 가만히 있어 보라고 말했다.

"1분 동안 그냥 있는 거야. 먹고 싶은 음식이나 보고 싶은 영화를 생각해 봐도 좋겠네. 하지만 절대로 흰곰을 생각하면 안 돼. 흰곰을 생각하지 않도록 최선을 다하는 거야. 알겠지? 자, 시작!"

아이는 얼마 되지 않아 머리를 절레절레 흔들더니 킥킥거리며 어이없다는 듯 웃었다.

"내가 흰곰을 생각 안 하려고 일부러 검은 곰을 생각했거든!

검은 곰, 검은 곰, 검은 곰…. 그렇게 계속 생각했는데, 어느 순간 자꾸 흰색으로 바뀌어!"

억지로 밀어낼수록 이미지가 더 선명해진 것이다. 어쩌면 생각은 본래 그런지도 모른다. 지우려 애쓸수록 더 깊이 각인되는, 마음의 반사 작용 같은 것이다.

그런데 만약 우리가 지우려 하는 것이 흰곰의 이미지가 아니라 우울이나 불안 같은 감정이라면 어떨까? 그 감정들을 덜 느끼려고 애쓰면 애쓸수록 오히려 그 감정에 더 자주, 깊이 사로잡힐 가능성이 있다. 불안을 밀어내려다 오히려 불안 속으로 걸어 들어가게 되고, 우울을 잊으려다 도리어 더 가까워지는 날들이 반복되는 것이다.

그럴 때 우리는 문득 의문을 품는다.

'내가 뭔가 잘못하고 있는 걸까?'
'혹시 내가 너무 약한 건 아닐까?'

하지만 어쩌면 우리가 너무 잘하고 있어서 그런 것일 수도 있다. 감정을 억누르고 회피하는 방식은 오랫동안 우리 몸과 마음이 생존을 위해 선택해 온 전략이다. 이제는 그 전략을 새로운 방식으로 다시 돌아봐야 할 뿐이다.

사고 억제의 역설과 감정 수용

오랫동안 심리학이라는 학문 역시 인간의 감정을 통제하는 데 초점을 맞춰 왔다. 우울이나 불안은 병리적 증상으로 분류됐고, 그것을 억제하거나 교정하려는 시도가 수십 년간 이어졌다.

1970년대, 항우울제 프로작이 처음 세상에 등장했을 때 사람들은 이렇게 말했다.

"이제 우울을 정복했다!"

약을 복용하면 기분이 가벼워졌고, 삶을 살아갈 이유가 생기는 듯했다. 당시의 기대는 어느 정도 맞아 들었고 실제로 많은 이들이 도움을 받았다.

하지만 반세기가 지난 지금, 우울과 불안은 정말로 사라졌는가? 아니다. 그것들은 여전히 우리 곁을 맴돈다. 우울은 정복되지 않았다. 오히려 해마다 수많은 이들이 극심한 고통 속에서 삶을 내려놓는다.

고통을 없애려는 그 모든 노력들은 진심 어린 몸부림이었지만, 완전한 해답은 되지 못했다. 어쩌면 이제 우리는 다른 길을 찾아야 하는지도 모른다. 고통을 정복하려는 길이 아니라 고통과 함께 살아갈 수 있는 길을 말이다.

수용전념치료는 바로 이 지점에서 말을 건넨다. 우리가 겪는 심리적 고통은 결코 '비정상'이 아니라고. 슬픔, 수치심, 절망, 무기력은 잘못된 것이 아니라 그저 인간다움이 드러나는 또 하나의 방식일 뿐이라고.

의도한 대로만 흘러가는 삶은 없다. 마음도 그렇다. 기쁨과 환희 속에서도 불쑥 고개를 드는 그늘 같은 감정들. 그것들을 없애려 하기보다는 있는 그대로 곁에 두고 바라보면 어떨까?

수용전념치료가 우리에게 건네는 메시지는 고통을 지우라는 것이 아니다. 오히려 고통과 함께 마치 춤추듯 살아가는 법을 배우자는 것이다. 우리가 겪는 감정들은 삶이라는 섬세한 서사 속에서 중요한 장면을 만들어 내는 주인공들이다. 그 감정들을 억누르기보다는 그것들이 우리에게 들려주는 이야기에 귀 기울이며 그 안에서 삶의 의미를 찾아야 하지 않을까? 우리는 그제야 비로소 진정한 자유에 가까워지는 것 아닐까?

영국 런던 자연사 박물관이 '2023년 올해의 야생 사진'으로 선정한 작품이 있다. 작품의 이름은 '얼음 침대(Ice Bed)'다. 이 사진 속 북극곰은 한때는 벌판 삼아 뛰어다니던 드넓은 빙하 위가 아니라 겨우 몸 하나 누일 자리만 남은 얼음 조각 위에서 잠들어 있다. 기후 변화로 녹아내린 삶의 무대가 만든 장면이다.

더글러스 거 자연사 박물관 관장은 이렇게 말했다.

"이 숨 막히게 아름답고 애처로운 사진은 우리 지구의 아름다움과 연약함을 동시에 보여 준다."

나는 가만히 그 사진을 바라본다. 그리고 문득 우리가 지닌 마음도 그 북극의 풍경과 다르지 않다는 것을 알게 된다. 불안과 슬픔, 우울과 외로움…. 그 모든 감정은 우리가 살아 있기에 생겨난다. 그것들은 결함이 아니라 우리가 지닌 연약함의 또 다른 얼굴이며 그 연약함이야말로 우리가 인간으로 살아가는 이유일지도 모른다.

사진 속 흰곰은 위태롭지만 평화롭고, 금세 사라질 듯하면서도 여전히 살아 있다. 마치 내 안의 불안 같다. 감춰야 할, 없애야 할 존재가 아니라 그저 바라봐 주기를 기다리는 생명체인 것이다. 나는 이 위태롭고도 평화로운 흰곰을 억지로 지우려 하지 않고 싶다. 외면하려 애쓰기보다는 있는 그대로 바라보고 싶다.

불안, 우울, 외로움 같은 감정들도 어쩌면 인간을 이루는 불가피한 조건일지 모른다. 지금 이 순간에도 그것들은 우리 마음 어딘가에서 조용히 숨 쉬고 있다. 그렇다면 그 감정들과 싸우지 말고 조용히 함께 살아 보면 어떨까?

마음속에 떠오르는 것들을 있는 그대로 바라보는 시도를 해 보자. 그 모든 감정의 조각들이 우리에게 무엇을 알려 주는지,

어떤 의미를 담고 있는지를 안온한 태도로 헤아려 보자. 그리고 그 감정들 속에서 무언가를 배워 가는 과정에 마음을 열어 보자. 우리가 느끼는 모든 감정이 살아가는 매 순간 중요한 역할을 할 수 있음을 기억해야 한다. 그 점을 이해하고 받아들일 때 삶은 좀 더 온전해질 것이다.

📝 심리학 노트

사고 억제의 역설은 '하지 말라'고 하면 오히려 그 일을 더 떠올리게 되는 심리 현상이다. '흰곰을 생각하지 말라'는 지시를 받은 사람들이 오히려 더 자주 흰곰을 떠올린 것처럼 말이다.

이는 우리가 불안, 우울, 슬픔 같은 감정을 억누르려 할수록 오히려 그것들에 더 사로잡히게 되는 메커니즘을 드러낸다. 그리고 그런 마음의 작용은 실패가 아니라 인간이라면 누구나 겪는 자연스러운 일임을 보여 준다.

기존의 심리학이 고통을 '비정상'으로 보고 제거하거나 조절하려 한 반면, 수용전념치료는 우리가 겪는 고통을 있는 그대로 받아들이고 그것과 함께 살아가는 심리적 유연성을 강조한다. 감정은 제거할 대상이 아니라 인생의 중요한 일부이며, 우리가 원하는 삶으로 나아가는 길 위의 의미 있는 동반자인 것이다.

수용전념치료는 고통스러운 감정을 자연스럽고 인간적인 것으로 받아들이고 그것들과 함께 살아가는 법을 배워 보자고 제안한다. 수용과 전념을 통해 심리적 자유를 찾는 것이 사고 억제의 역설에 대처하는 효과적인 방법이 될 수 있다.

1-4
나를 몰아붙이는 그 목소리

상처가 울부짖을 때 그것은 우리의 일부일 뿐 그것이 우리가 되어서는 안 된다. 상처의 노래를 듣되 그 노래가 삶의 전부가 되지 않게 하라.

-익명의 작가

어느 전철역 근처를 지나던 중이었다. 길가에 뭔가가 수북해 무심결에 시선을 돌렸다. 크고 오래된 종이 박스들이 접힌 채 쌓여 있었고, 무엇이 들었을지 짐작조차 가지 않는 커다란 검은 비닐봉지들과 이불인지 옷인지 모를 천 덩어리들이 둘둘 말려 있었다. 서글프게도 누군가가 그곳에서 차가운 밤을 보내는 것이 분명했다.

"아, 춥다."

가을 해가 이미 저만치 저물고 있었다. 기온은 빠르게 떨어졌고, 바람 끝이 서늘하고 날카로웠다.

'정말 저기서 그대로 밤을 지새우는 걸까?'
'저런 곳에서 자면 아프지 않을까?'
'도대체 정부는 세금을 어디에 쓰는 거지?'
'쉼터라는 곳은 정말 있긴 한 걸까?'

질문들이 이어지며 머릿속이 웅웅 울렸다. 연민, 불편함, 죄책감, 그리고 부끄러움이 끝없이 이어졌다. 그때 문득, 예전에 봤던 TV 다큐멘터리가 떠올랐다. 노숙 여성들의 거리 생활을 담은 이야기였다. 보호받지 못한 삶의 뒷모습을 보고는 슬퍼하다 못해 분노했던 기억이 있다. 그 사람들이 우리 바로 곁에 있다니, 당황스러웠다.

그렇게 생각을 이어 가며 발걸음을 옮기는데, 누군가가 그 자리로 갔다. 그곳의 주인인 듯했다. 돌봄을 받은 흔적이 전혀 보이지 않는 그는 주위에 아무도 없는데도 혼자서 진지하게 무언가를 이야기하고 있었다. 말의 속도와 크기에서 절박함이 느껴졌다. 호소하고, 설명하고, 화를 냈다가 또 다독이는 목소리였다. 독백이자 논쟁이고, 호통이자 자책이었다. 그리고 무엇보다도 그 목소리에는 분노가 서려 있었다. 세상에 대한, 타인에 대한, 그리고 어쩌면 자신에 대한 분노였다. 그의 말은 쉼 없이 이어졌고 보이지 않는 누군가를 혼내다가 갑자기 달래듯 웃기도 했다.

그런데 그 모습을 보자니 조금 의아했다. 나도 그와 같이 매일 내 안에서 스스로와 말을 주고받지 않는가. 누가 들어주는 것도 아닌데 생각은 계속 이어지고, 당연하게도 그 속에는 늘 자책, 걱정, 경계, 후회가 섞여 있다. 그 말들을 밖으로 꺼내 소리 내어 말하지는 않지만, 그것들이 오르골처럼 머릿속에서 끊임없이 반복되고 있음은 분명하다.

사고력은 우리를 지탱하는 소중한 자산이다. 생각이 없다면 우리는 미래를 계획할 수도, 예술을 즐길 수도 없다. 삶의 희로애락을 풍부하게 해 주는 것도 바로 사고력이다. 하지만 때로는 차라리 없느니만 못하기도 한다. 마음이라는 요물은 유익함과는 전혀 상관없는 수많은 이야기들을 하루 종일 쏟아 낸다. 허무맹랑한 판단과 추측, 이유 없는 걱정과 후회, 근거 없는 믿음…. 마음은 과거의 고통으로 우리를 끌고 가고, 다시 미래의 불안으로 밀어 넣는다. 그런데 우리는 그 이야기들이 터무니없다는 걸 알면서도 자꾸 빠져들고는 한다.

오늘 아침에도 그랬다. 이틀간 설거지를 미뤄 물 마실 컵 하나 남지 않은 싱크대를 본 순간 마음속 목소리는 거침이 없었다.

"너는 손이 얼었니?"

어릴 적 엄마가 나에게 자주 하던 말이다. 빠릿빠릿하지 못하고 굼뜨고 게으른 나를 꾸짖을 때 하시던 그 말씀이 벌써 수십 년 전 일인데도 마치 어제 들은 것처럼 뚜렷하게 되살아나 다시 한번 나를 책망했다.

이렇듯 내면의 목소리는 멈추지 않는다. 어떤 날은 하루 종일 마음속에서 누군가와 말다툼을 하는 것 같다. 겉으로 보기에는 아무 일 없는 듯 일상을 보내지만, 내면은 자주 시끄럽다.

내면의 비평가와 거리를 두라

수용전념치료 전문가 러스 해리스는 마음의 작동 원리를 이렇게 설명한다.

끊임없이 비교하고, 평가하고, 걱정하는 것이 마음의 기능이다. 살아남기 위해 발달한 구조다. 과거를 돌아보고, 실수를 분석하며, 위험을 대비한다. 문제는 그 목소리가 지나치게 커질 때다. 마치 나보다 더 나를 잘 안다는 듯 마음속 말들이 나를 규정하고 압박한다.

그는 이것이 마음이 작동하는 지극히 정상적인 방식이라고 말한다.

우리의 마음은 놀라울 만큼 정교하고 강력하다. 상상하고 추론하고 창조하는 힘도 뛰어나지만, 동시에 비난하고 비교하고 판단하는 기능도 최고 수준이다. 결점을 찾아내는 데 도가 텄고, 스스로를 끊임없이 해부한다. 하지만 다행히도 그 모든 기능은 마음의 '정상적인' 임무다.

중요한 점은 그 목소리에 휘둘리지 않고 그냥 지켜볼 수 있는가이다. 그게 바로 심리적 유연성이고 수용이다. 모든 말에 반응하지 않고, 그냥 들어 주고 흘려보내는 일. 마음이 하는 말일 뿐이라는 걸 알아차리는 일. 때로는 웃어 주고, '또 시작이군'이라고 생각하며 거리를 둘 줄 알아야 한다.

나는 다시 그 자리의 주인을 바라본다. 박스 위에 웅크린 몸, 쉼 없이 흘러나오는 혼잣말. 분노와 한탄, 자신을 향한 절망이 섞여 있다. 누군가에게 닿으려고가 아니라 살아 있음을 확인하려고 말하는 것처럼 보인다. 그의 혼잣말이 결국 바람에 흩어지듯, 내 마음속 소란도 언젠가는 지나가리라는 생각이 문득 스친다.

📝 심리학 노트

마음의 끊임없는 독백

- 우리의 마음은 하루에도 수없이 말하고, 비교하고, 평가하고, 걱정한다.
- 이 내적 대화는 보통 비판적이고 반복적이며, 과거와 미래를 오가며 우리를 몰아붙이기도 한다.

내면의 비판자와 거리 두기

- 마음속 목소리는 과장되거나 터무니없는 때도 많지만 우리는 그것에 쉽게 휘둘린다.
- 수용전념치료에서는 이런 목소리를 '마음의 정상적 기능'으로 이해하며 판단하지 않고 관찰하기를 권한다.

심리적 유연성과 수용

- 마음의 말에 반응하지 않고 있는 그대로 지켜보는 것이 중요하다.
- 한 발 떨어져 생각을 바라보며 감정을 흘려보내는 태도가 핵심이다.
- 이를 통해 내적 혼란 속에서도 안정과 선택의 자유를 유지할 수 있다.

1-5
내 머릿속의 영화관

내 삶은 끔찍한 불행으로 가득 차 있다. 그 대부분은 전혀 일어나지 않았지만.

-마크 트웨인

사람의 불행은 실제 사건이 아니라 아직 일어나지 않은 일에 대한 상상에서 비롯되는 경우가 많다. 아무 일도 벌어지지 않았음에도 모든 게 무너진 재난의 한복판에 있는 것처럼 느끼고는 하는 것이다.

큰아이가 초등학교 4학년이던 때의 일이다. 아이가 자꾸 어슬렁거리며 부엌에 관심을 보였다. 내가 대학원 수업 때문에 귀가가 늦는 날이 많았던 터라 스스로 라면이라도 끓여 먹으려면 뭘 어떻게 해야 하나 싶었던 모양이다. 시퍼런 가스불 위에서 김치찌개가 보글보글 끓고 있는데 아이가 내 옆에 다가와 물었다.

"엄마, 요리 다 하고 이 불 안 끄면 어떻게 되는 거야?"

순간 정신이 번쩍 들었다.

"어떻게 되긴! 큰일 나지!"

아이의 순진한 물음에 당황스러움과 걱정이 동시에 몰려왔다. 다 큰 애가 설마 정말 몰라서 묻는 건가 싶은 생각과 함께 머릿속에서 재난 영화가 자동으로 재생되기 시작했다.
김치찌개가 냄비 바닥에 눌어붙어 타들어 가고, 매캐한 냄새가 부엌을 휘감는다. 뜨거운 불길이 플라스틱으로 된 냄비 손잡이를 녹이는가 싶더니 불씨가 순식간에 옆에 놓인 키친타월로 옮겨붙는다. 나는 기겁을 하며 싱크대에서 물을 받아 와 끄려 하지만 여의치 않다. 불길은 순식간에 커지고, 주방은 화르륵…. 마침내 집 전체가 홀라당 타 버리고, 우리 가족은 담요를 둘둘 말고 대피소 비슷한 곳에 앉아서 컵라면 하나에 의지해 눈물을 삼키고 있다.

참으로 다행인 점은 이 일련의 사건을 아이에게 직접 보여주지 않아도 된다는 것이다. 인간은 언어를 이용해 상상하고 추론하는 존재다. '만일'이라는 단어 하나에서 시작해 집이 전소해 모든 걸 잃고 새 삶을 시작해야 하는 한 가족의 이야기를 열정적으로 전개하며 가스 사용법을 가르쳐 줄 수 있다.

나는 언어를 통한 생생한 묘사는 물론 표정 연기와 손짓, 긴장감을 조율하는 말투까지 총동원했다. (참고로 나는 한때 아마추어 연극배우였다. 과몰입 연기 전문이다.) 여하튼 냄비는 멀쩡했고, 찌개도 무사하며, 집도 당연히 그대로였다. 하지만 아이의 머릿속에도 아마 '김치찌개가 만든 가정 파괴 스릴러' 한 편이 고스란히 각인됐을 것이다.

마음이 만든 영화에 갇히지 않기

이처럼 언어는 강력하다. 언어 덕분에 우리는 살아 본 적 없는 상황에서도 살아남는 법을 배운다. 우리는 너무도 쉽게 해내지만, 오직 인간만이 언어를 통해 가르치고 배우는 일을 할 수 있다. 말 한마디로 공포를 심고, 이야기 한 토막으로 행동을 유도할 수도 있다. 놀라운 능력이다.

하지만 동시에 위험한 능력이기도 하다. 생각해 보면 우리는 실제로 벌어지지 않은 일을 두려워하도록 훈련받아 오지 않았는가. 우리가 어떤 일을 경험하고 그 경험을 말이나 생각으로 표현하고 나면 그 경험과 말은 마음속에서 연결되고, 한번 이런 연결이 생기면 완전히 없애기는 어렵다. 새로운 경험이나 생각이 들어와도 예전 연결이 사라지지 않고 마음속에 쌓이기만 하는 것이다. 새로운 생각이 다시 생겨나도 이전 생각을 완전히 바꿀 수는 없다.

그러다 보니 어렸을 때 부모에게서 "너는 태어나지 말았어야 할 아이야", "형은 안 그러는데 너는 왜 그 모양이야?" 같은 말을 들은 사람은 언어적으로 조건을 형성해 버린다. 그리고 그 말들은 시간과 환경이 바뀌어도 그 사람에게 아주 오랫동안 껌딱지처럼 달라붙어 영향을 미치기도 한다. 언어는 그렇게 우리 삶을 제한할 수도 있다.

차들의 블랙박스 영상들을 리뷰하는 TV 프로그램이 있다. 우리는 '저런 사고가 날 수 있다고? 말도 안 돼!'라며 불편한 마음을 붙들고 자극적인 화면 속으로 빨려 들어간다. 그런데 그렇게 끔찍한 사고 장면들은 단순히 눈앞에서 스쳐 지나가기만 하지 않는다. 기억 속에 콱 박혀 지워지지 않는 것이다. 학교 가는 아이들을 볼 때면 요즘 내 머릿속에서는 무자비하게 커다란 화물차 한 대가 갑자기 등장한다. 사고는 벌어진 적이 없지만 내 마음은 그 사건을 현실로 경험한다. 언어의 마법이자 함정이다.

무엇이든 언어로 연결될 수 있다. 우리가 무엇을 하는지도 모르는 사이에 관계가 설정된다는 것이 바로 인간 언어의 주요한 특징일 것이다. 그 결과 사람은 세상을 있는 그대로의 모습이 아닌 우리 마음속 관계망이 말하는 대로 보기 시작한다. 직접적인 경험보다 마음이 말하는 내용을 더 신뢰하는 것이다. 우리는 눈앞의 세상이 아니라 마음속에서 상영 중인 '생각'이라는 영화를 살아간다. 예를 들어 '세월호'라는 세 글자는 단지 하나의 단어가 아니라 마음 깊은 곳을 건드리며 울린다. 그 단어가 떠오르는 순간 우리는 슬픔과 분노, 무력감, 삶의 덧없음을 함께 떠안게 된다.

인간은 어쩌면 고통으로부터 완전히 자유로울 수 없는 존재일지도 모른다. 아프고 힘들었던 기억은 시간이 흘러도 흔적을 남기고, 잊으려 애쓸수록 더욱 선명하게 떠오르기 때문이다. 그렇게 떠오른 감정은 우리 일상 곳곳에 영향을 미친다. 과거의 상처는 회상 속에 머무르지 않고 현재의 삶을 조용히 지배한다.

이런 현상은 심리학에서 말하는 '관계구성틀 이론'으로 설명할 수 있다. 예컨대 어떤 사람이 회의장에서 극심한 공포를 경험했다면 그는 회의장은 물론 비슷한 구조의 백화점이나 버스, 지하철 같은 공간까지도 피하게 된다. 단 한 번의 경험이, 무의식 속에서 수많은 장소와 상황을 연결시키는 것이다. 그렇게 우리는 고통을 피하려다 오히려 삶의 영역을 스스로 좁히고 제한하게 된다.

억눌린 기억은 결코 사라지지 않는다. 오히려 마음의 표면 아래에서 끊임없이 속삭이며, 예상치 못한 순간에 삶을 뒤흔든다. 그렇기에 진정한 치유는 그 기억을 피하는 것이 아니라 정면으로 마주하는 데서 시작된다.

그 기억들과 감정들은 한없이 슬프고 무거운 짐처럼 느껴진다. 하지만 고요한 명상의 순간이나 상담자의 따뜻한 시선 속에서 조심스럽게 꺼내 바라볼 수 있다면, 그것들은 더 이상 우리를 위협하는 존재가 아니라 삶에 대해 내가 몰랐던 메시지를 건네는 존재가 될 수도 있다.

심리학 노트

관계구성틀 이론은 인간이 언어를 사용하는 방식에 대한 심리학적 설명이다. 이는 수용전념치료의 이론적 기반을 이루며, 인간의 고통이 단지 외부 사건 때문이 아니라 언어를 통해 형성된 '관계' 때문에 생긴다는 점에 주목한다.

인간은 단어, 개념, 사건들 사이에 자발적으로 관계를 만들어 내는 능력을 갖고 있다. 이것이 바로 관계구성틀이다. 예컨대 '시험에 떨어졌다'는 경험은 단순한 사건이지만, 언어를 통해 '실패했다', '무가치하다', '나는 안 된다'는 식으로 연쇄적인 관계를 형성할 수 있다. 이런 관계는 경험과 무관하게 작동하며, 한번 형성되면 자동적이고 지속적으로 영향을 미친다.

이 관계 형성은 맥락적이고 전이적이며 일반화되는 특성을 지닌다. 예를 들어, 과거 부모에게서 들은 "넌 왜 이것밖에 못하니?"라는 말은 '나는 부족한 사람이다'라는 신념으로 고착될 수 있다. 시간이 흘러도, 환경이 바뀌어도, 이 언어적 관계는 여전히 마음속에 살아 있고, 현재의 자존감과 행동에까지 영향을 미친다.

이처럼 인간의 마음은 실제로 일어나지 않은 일도 언어로 구성된 관계를 통해 우리가 '현실처럼' 느끼게 만든다. 두려움, 불안, 자기 비난 등 많은 심리적 고통은 실제 사건이 아니라 생각이 만들어 낸 상징적 현실에서 비롯된다. 그리고 그 생각은 끊임없이 우리를 설득하고 지시하며 때로는 삶의 방향까지 좌우한다.

수용전념치료는 이런 언어적 사고의 특성을 인식하고, 그 관계를 안에서 과도하게 휘둘리지 않도록 돕는다. 즉 생각과 심리적 거리를 두고, 그것이 현실의 전부가 아님을 깨닫게 하는 것이다. 고통스러운 생각과 감정을 억제하거나 없애려 하기보다 그것들이 존재하더라도 가치 있는 삶을 선택할 수 있도록 하는 것이 수용전념치료의 목표다.

관계구성틀 이론은 인간 언어의 힘이 얼마나 강력한 동시에 위험할 수 있는지를 보여 준다. 그 언어적 힘을 다르게 바라보고, 그것에 지배당하지 않으면서도 의미 있는 삶을 살아가는 방법을 제시하는 것이 수용전념치료의 실천적 지향점이다.

2장

불안이라는 감정 관찰하기

인지적 탈융합

2-1
생각이 보는 것이 아니라
생각을 보는 것이다

우리가 느끼는 감정은 사건 그 자체가 아니라 사건에 대한 우리의 생각에서 비롯된다.

-에픽테토스

  단독 주택에 살다 보면 해마다 다채롭고도 번거로운 일들이 꼬리를 무는 바람에 매번 새삼스럽게 놀란다.
  우리 집 2층에는 앞뒤로 널쩍한 발코니가 있다. 앞에 있는 곳은 반려견 벤지의 놀이터인데, 봄가을에는 돗자리 한 장만 펴 놓으면 그야말로 완벽한 피크닉 장소가 된다. 그런데 북향으로 나 있는 발코니는 처마 밑에 해마다 벌집이 생겨 소방관 아저씨들이 출동하시게 하는 것 말고는 쓸 일이 없다. 아마 그

점이 문제였는지도 모르겠다. 무심히 지나치는 공간은 곧 망각하게 된다. 나는 낙엽에 막힌 배수구가 제 기능을 못 하고 있다는 사실조차 전혀 눈치채지 못했던 것이다. 지난 장마철에는 빗물이 빠지지 않고 고여 있다가 결국 1층까지 흘러내려 전기 콘센트에 닿아 누전을 일으켰다.

어디선가 엄지손가락만 한 말벌들이 집 안으로 들어와 기겁한 일도 있었고, 작은 새 한 마리가 창으로 돌진해 그대로 죽어버린 적도 있다. 나는 그 작은 생명체를 도무지 만질 수가 없어서 아이들에게 뒤처리를 부탁했었다. 우리 집 현관 앞에서 밥을 얻어먹고 가는 길고양이들이 자기들 나름대로는 보은을 한답시고, 얼굴이 반쯤 뜯겨 나간 쥐나 족제비 등을 문 앞에 물어다 놓고 가기도 한다. 그런 선물을 바란 적이 없는 나로서는 아주 소스라치게 놀랄 일이다.

이렇게 여러 가지 크고 작은 이벤트 중 단연 으뜸은 이번 여름에 일어났다. 오래된 가스레인지가 말썽이었다. 스파크가 튀면서 불이 붙어야 할 텐데, 도대체 뭐가 잘못됐는지 불은 안 붙고 스파크는 꺼지지도 않아 하루 종일 계속 튀었다. 때마침 거짓말처럼 거실 에어컨도 고장이 난 상태였다. AS를 요청했지만, 맹렬한 폭염 탓에 에어컨 수리 건이 너무 밀려 며칠을 기다려야 했다.

온 집 안이 불구덩이 같은데 가스레인지에서 스파크 튀는 소리가 끊이지 않고 이어진다고 상상해 보라. 습기가 벽지를 타고 내려와 바닥이 끈적였다. 숨이 막혔다. 가스와 관련된 문제는 안전과도 직결돼 있으니 단순히 불편한 정도를 넘어 마음 깊은 곳에서 불안이 들끓었다. 어느 순간부터인가 나의 생각이 혼자서 도미노를 밀어 넘어뜨리기 시작했다.

'그러게 누가 이 시골까지 들어오래?'
'다음번에는 무조건 아파트로 갈 거야!'
'이래서 다들 아파트에 사는 거지.'
'그때 그 아파트를 팔지 말았어야 해.'
'그거 안 팔았으면 그냥 앉아서 돈 버는 건데!'

생각은 점점 더 날카로워져 그날의 더위처럼 마음을 짓눌렀다. 생각들은 걷잡을 수 없이 달려 나갔다. 단순한 불평이 아니라 나를 향한 비난과 후회, 공포로 변해 버렸다.
이게 바로 수용전념치료에서 말하는 '융합(fusion)'이다. 머릿속 생각들이 현실을 덮고, 내가 점점 생각과 한 덩어리가 되는 것이다. 그 순간 나는 더 이상 생각을 '하고 있는 나'가 아니라 생각 그 자체가 된다. 우리는 본능적으로 부정적인 감정이나 생각에 민감하고, 그것들을 곧장 사실처럼 믿는다. 생존을 위해 뇌가 진화한 결과 비롯된 자연스러운 반응이지만, 오늘날에는 오히려 심리적 고통을 유발하는 주요 원인이 되기도 한다.

생각과 나 사이에 틈을 만드는 연습

수용전념치료에서는 이런 '생각과의 융합' 상태를 알아차리고 '탈융합(defusion)'이라는 개념을 통해 스스로를 회복해 나가도록 돕는다. 탈융합이란 간단히 말해 '생각을 생각으로 보는' 일이다. 생각을 사실로 여기지 말고, 생각으로만 보자는 것이다. 자신에게 일어나는 생각, 감정, 감각 등을 판단 없이 그저 관찰해 보자는 것이다.

예를 들어 '나는 정말 불안하다'가 아니라 '나는 지금 불안하다는 감정을 느끼고 있구나'라고 말해 볼 수 있다. 이처럼 표현을 바꿔 생각과 감정을 나와 분리하다 보면 이전과 달리 쉽게 휘둘리지 않는다. 다시 말해, 생각을 통해 세상을 보는 것이 아니라 생각 자체를 바라보는 시선이다.

자신이 생각과 융합됐는지를 알려 주는 단서는 다음과 같다.

- 생각이 오래되고 익숙하며 생생하지 않게 느껴진다.
- 생각 속에 함몰되어 외부 세계가 사라진다.
- 비교하고 평가하는 마음이 든다.
- 정신이 과거나 미래에 머문다.

- 옳고 그름에 집착하게 된다.
- 마음이 바쁘거나 혼란스럽다.

생각과 내가 하나로 엉켜 있는 순간은 대개 우리가 눈치챌 새도 없이 이미 다가와 있다. 어떤 생각은 너무 익숙해서 오래된 사진처럼 흐릿하게 느껴지기도 한다. 말도 안 되는 소리인데 믿게 되기도 한다. 가령 '나는 원래 이런 사람이야'라는 목소리가 그렇다. 익숙한 생각이 자꾸만 되돌아오는 것이다. 수없이 반복했기에 이미 생생함은 사라졌고, 그저 무겁고 흐릿하게 마음 한구석을 누른다.

또 어떤 날은 눈앞의 풍경이 전혀 눈에 들어오지 않는다. 커피 향도, 바람 소리도, 아이의 웃음도 스쳐 지나갈 뿐이다. 생각 속에서 허우적대느라 지금 이 순간이 그저 어렴풋하기만 하다. 모두 유리창 너머에 저 멀리 있는 것 같다.

비교가 고개를 들고, 평가가 마음을 점령할 때도 있다. 자꾸만 정신이 과거나 미래에 가 있다. 매사에 옳고 그름의 잣대를 들이대는 스스로를 발견하기도 한다.

모두 내가 생각과 하나 되어 있는 순간들이다. 만약 당신이 이런 상태에 있다면 그 생각들을 바로잡으려 애쓰기보다는 잠시 멈추고 생각을 '믿을 것인가'에서 생각을 '바라볼 수 있는가'로 프레임을 바꿔야 한다. 그렇게 조금 떨어져서 지나가는 구름처럼, 한 편의 이야기처럼, 나의 생각과 나의 감정을 조용히 바라봐야 한다. 그래야 삶은 다시 숨을 쉴 수 있다.

  그날의 나는 분명 융합 상태에 있었다. 생각은 익숙하고 자동적이었고, 외부 세계는 희미했다. 비교하고 평가하는 생각들이 끊임없이 일었다. 정신은 과거와 미래를 헤매며 '옳고 그름'의 틀에 사로잡혀 혼란을 가중시켰다. 머릿속 생각들이 모두 사실일 수도 있지만, 확실한 것은 내가 지금 여기에 존재하지 못하고 있다는 점이었다. 그럴 때는 판단하지 않고 생각을 바라봐야 한다. 갑자기 내달리듯 몰려오는 생각들을 가만히 지켜보고 스스로에게 말해 봐야 한다.

'나는 이곳으로 이사를 와 괜히 사서 고생을 한다고 생각하는구나.'
'나는 주택살이를 후회한다고 생각하는구나.'
'나는 이 집이 팔리지 않을까, 손해를 보게 되지 않을까 걱정하는구나.'

  놀랍게도 문장만 조금 바꿨을 뿐인데, 팽팽했던 생각들이 조금씩 풀어지는 느낌이었다.
  탈융합은 도움이 되지 않는 생각을 없애거나 반박하는 과정이 아니다. 오히려 그 생각이 나의 행동에 어떤 영향을 주고 있는지를 알아차리고 효과적인 행동을 선택하는 태도다.

거리를 두며 부정적인 생각들을 지켜보다 보면 문득 새로운 관점이 떠오르기도 한다. 나는 아이들과 함께 이 시골집에서 누렸던 수많은 행복했던 순간, 그 소중한 가치들을 떠올릴 수 있었다. 우리가 이 집을, 이 숲을, 이 공기를, 이 하늘을 얼마나 사랑하는지를 잠시 잊고 있었던 것이다. 아이들과 깔깔깔 웃으며 널브러져 누워 있던 발코니, 늦은 오후의 바람이 달큰하게 스쳐 가던 서재, 풀 냄새 섞인 뽀송한 공기, 해 질 무렵 숲을 물들이던 짙은 보라색 노을, 산책을 한 벤지의 젖은 발바닥에서 나던 냄새, 그리고 문득 고요히 내게 말을 걸던 저 단아한 숲.

나는 그 아름다움을, 그 충만함을, 잠시 잊고 있었다.

지금도 나는 서재에서 이 글을 쓰며 창밖의 숲을 바라본다. 그리고 위로받았던 순간들을 되짚는다. 물론 시골의 낡은 전원주택에서의 삶이 앞으로 아무 문제도 없을 것이라는 이야기는 아니다. 이 집에서의 삶은 앞으로도 삐그덕거릴 것이고, AS 기사님들의 방문은 계속될 것이다. 바람이 세차게 부는 검은 밤에는 왠지 모르게 착잡하고 두려운 마음을 갖게 될지도 모른다. 삶은 여전히 완벽하지 않지만, 그렇다고 떠오르는 모든 생각을 믿을 필요는 없음을 이제 나는 알고 있다.

그저 바라볼 수만 있다면 생각은 지나가고 나는 나로 남는다. 그리고 그때, 삶은 조금 더 부드러워지고 깊어진다.

📝 심리학 노트

탈융합이란?

'생각을 생각으로 보기'를 훈련하는 심리 기술이다. 생각이나 감정에 함몰되지 않고, 그것을 하나의 심리적 사건으로 인식하는 태도를 말한다. 생각을 '사실'로 믿지 말고, 그저 떠오르는 하나의 흐름으로 바라보는 연습을 해야 한다.

탈융합이 필요한 이유

인간은 부정적 생각에 민감하며, 이를 자동적으로 '사실'로 받아들이는 경향이 있다. 이런 융합 상태는 '현재'를 잃게 하고, 우리가 과거의 후회나 미래의 불안에 휘둘리게 만든다.

탈융합의 실천 예시

다음과 같이 말해 보자.

- 나는 지금 짜증 나!
→ 나는 지금 짜증 나는 감정을 느끼고 있구나.

이처럼 표현을 바꾸면 생각과 자신 사이에 거리가 생기고, 생각에 휘둘리지 않을 수 있다.

탈융합 상태로 가기 위한 신호 감지

다음과 같은 특징이 있다면, '융합' 상태에 빠져 있는 것이다.

- 생각이 익숙하고 자동적으로 떠오른다.
- 외부 세계가 희미해지고, 생각 속에 갇힌다.
- 끊임없이 비교하고 평가한다.
- 과거를 후회하거나 미래를 걱정한다.
- 옳고 그름에 집착하고, 마음이 혼란스럽다.

탈융합의 목표

생각을 없애는 것이 아니라, 그것이 내 행동에 어떤 영향을 주는지 알아차리는 것이다. 판단 없이 생각을 바라보며, 지금 여기에서 의미 있는 선택을 하는 힘을 회복한다. 이를 통해 우리는 '생각 속의 나'가 아니라, 생각을 지켜보는 '관찰하는 나'가 된다.

2-2
나는 우울하다는
생각을 하고 있구나

> 사랑하는 나의 미친 마음이여, 네가 나에게 무슨 짓을 하든 내 마음의 문은 너에게 열려 있다. 네가 나를 파괴하고 파멸에 이르게 할지 모르지만, 나는 너에게 어떤 마음도 갖고 있지 않다. 네가 무슨 짓을 하든 나는 너를 사랑한다.
>
> —아잔 브람

우리는 생각 속에서 세상을 본다. 그 속에서 관계를 맺고, 자신을 인식하며, 세상의 의미를 만들어 간다. 그러나 생각 자체를 바라보는 것은 전혀 다른 경험이다. 아주 미묘한 차이 같지만 삶이 완전히 다른 방식으로 바뀐다. 그것은 물속에서가 아니라 물가에서 강을 바라보는 일이다. 물속에 있을 때는 세상이 왜곡되고 흐릿하게 보이지만, 물가에서는 맑고 선명하게 보인다.

칸트는 우리가 사물을 있는 그대로 인식할 수 없다고 말했다. 우리는 세상을 인식하고 해석함으로써, 즉 생각을 통해서 세상을 만난다는 뜻이다. 우리는 자신이 세상과 관계를 맺는 방식이 객관적이고 확실하다고 믿는 경우가 많다. 그러나 생각과 믿음은 주관적이고 세상을 왜곡한다는 것을 깨달아야 한다.

우울할 때 그 감정과 융합된다면 우리는 자신과 세상을 우울하게 바라보게 된다. '나는 무가치하다'는 생각이 진실처럼 느껴지고 더 큰 절망과 불안을 느끼게 된다. 그러나 만약 그때 "나는 지금 내가 '무가치하다는 생각'을 하고 있구나"라고 말할 수 있다면 우리는 그 생각을 하나의 심리적 사건으로 인식하게 된다. 그럼 그 감정은 우리를 휘두르지 않고 지나간다. 생각은 더 이상 나 자신이 아니라 내 안에서 일어나는 파동이 된다.

'생각'을 '마음'으로 바꿔도 좋다. 마음을 통해 세상을 볼 것인가, 아니면 그 마음을 바라볼 것인가? 관찰은 언제나 거리를 두면서 시작된다. 너무 가까이 붙으면 전체가 보이지 않는다. 나무에 이마를 대고서는 숲을 바라볼 수 없는 것처럼 생각과 적당히 간격을 두면 통찰이 시작된다.

수용전념치료의 이름 붙이기

나는 유방암 수술 후 방사선 치료까지 마친 상태다. 치료가 끝난 지 시간이 꽤 지났지만 여전히 수술 부위 주변이 불편하다. 갈비뼈 부근이 묵직하게 아프기도 하고 예기치 않게 날카로운 통증이 찾아오기도 한다. 요가를 하며 몸의 균형을 맞추려 하면서부터는 좌우 어깨와 가슴의 가동 범위가 다르다는 사실을 알게 됐다. 한쪽은 부드럽게 열리는데 다른 쪽은 어딘가 조심스럽고 둔탁하다. 어쩌면 나는 나도 모르게 수술 부위 주변 근육을 긴장시킨 채로 있는 건 아닐까, 문득 그런 의심이 들었다.

통증은 내 몸이 보내는 신호일 수 있다. 하지만 그 신호를 어떻게 해석하고 받아들일지는 오롯이 내 몫이다. 같은 통증이라도 떠오르는 생각은 날마다 다르다.

어제는 이렇게 생각했다.

'오른쪽 어깨 부위가 너무 뭉쳐서 그런 거겠지. 지난 검진에서도 이상 없다고 했잖아.'

하지만 오늘 아침, 그 생각은 전혀 다른 얼굴로 다시 나를 찾아왔다.

'수술한 지가 언젠데, 아직도 이러는 건 이상해. 혹시 뼈로 전이된 건 아닐까?'

그렇게 생각을 하니 숨이 턱 막혔다. 곧장 몸 어딘가에 이미 암이 퍼져 있다는 끔찍한 확신이 들었다. 물론 그 생각에는 아무런 근거가 없다는 것을 알고 있다. 그런데도 가슴이 철렁 내려앉고, 손끝이 싸늘해지고, 뱃속이 갑자기 얼어붙는 듯한 감각이 엄습했다.

이처럼 생각은 변한다. 날마다 다른 기분, 날씨, 기억 속에서 매번 다른 얼굴로 찾아온다. 수용전념치료에서는 이럴 때 사적 경험에 이름을 붙여 보라고 말한다. 떠오르는 생각에 간단한 문장을 붙이는 것이다. "나는 지금 '뼈 전이일지도 모른다'는 생각을 하고 있구나"라고 말하면 된다. 마치 악몽을 꾸다 깨어 "이건 단지 꿈일 뿐이야!"라고 말하는 것과 비슷하다. 그렇게 함으로써 우리는 더 확실히 깨어난다.

같은 방식으로 다음과 같은 문장을 연습해 볼 수 있다.

"나는 지금 '나는 수치스러운 존재야'라는 생각을 하고 있구나."
"나는 지금 '내 삶은 비참하다'라는 판단을 하고 있구나."
"나는 지금 '절대 시험에 합격할 수 없어'라는 예상을 하고 있구나."

이처럼 생각에 이름을 붙이면 우리는 그 생각에서 한 발짝 떨어질 수 있다. 생각을 없애는 시도와는 다르다. 생각은 여전히 떠오를 것이다. 다만 그 생각에 휘둘리지 않고 그것과 새로운 관계를 맺게 되는 것이다.

생각은 익숙하고 친밀하다. 때로는 우리의 정체성처럼 느껴지기도 한다. 하지만 익숙하다고 곧 진실은 아니다. 이 변화는 단번에 이뤄지지 않는다. 오래 걸리고, 때로는 다시 원점으로 되돌아가는 듯한 순간들도 있다. 하지만 매일 조금씩 연습하다 보면 점차 생각에 휘둘리지 않고 관찰자로서 그 곁을 지날 수 있게 된다.

물론 나는 지금도 가끔 통증에 놀라고 불안한 예감에 휘청인다. 그러나 '나는 지금 재발과 전이에 대한 불안한 생각을 하고 있구나'라고 속으로 조용히 말하고 나면 다시 호흡을 가다듬고 하던 일로 돌아갈 수 있다. 그렇게 아주 조금씩, 나는 내가 어떻게 살아가야 할지를 다시 배우고 있다.

📝 심리학 노트

'이름 붙이기(naming)'는 수용전념치료에서 인지적 탈융합을 돕는 핵심 전략이다.

어떤 생각이나 감정에 휩싸이면 우리는 그것을 진실이거나 나 자신인 것처럼 느낀다. 이 상태를 '융합'이라 부르며, 융합된 상태에서는 고통스러운 감정이나 판단이 우리 삶을 지배한다. 여기서 벗어나고자 수용전념치료는 생각에 이름 붙여 보기를 제안한다. 사적 경험이 일어날 때마다 이에 이름을 붙이는 연습은 탈융합 기법을 익히는 좋은 방법이다. 생각이나 감정, 신체 감각이 우리를 지나갈 때 그것에 있는 그대로 이름을 붙이는 것이다. 예를 들어 당신이 우울하다면 "나는 우울한 감정을 느끼고 있다"라고 큰 소리로 말해 보라. 이름을 붙일 때는 다음과 같은 형식을 취하면 된다.

- 나는 ~라는 생각을 하고 있다.
- 나는 ~라는 감정을 느끼고 있다.
- 나는 ~에 대한 기억을 갖고 있다.
- 나는 ~한 신체 감각을 느끼고 있다.

예시 문장들
- 나는 지금 '나는 무가치하다'는 생각을 하고 있구나.
- 나는 지금 '뼈로 전이된 것 같아'라는 불안을 느끼고 있구나.
- 나는 지금 '내 삶은 실패했어'라는 판단을 하고 있구나.

이름 붙이기의 효과
- 생각과 거리를 둘 수 있게 도와준다.
- 그 생각이 '진실'이 아닌 하나의 심리적 사건임을 인식하게 해 준다.
- 생각을 억제하거나 없애지 않고 그것과 새로운 관계를 맺게 해 준다.

- 결국 심리적 유연성을 키워 더 건강하게 삶을 살아갈 수 있도록 도와준다.

2-3
이번 팝콘은
사양할게요

생각은 현실이 아니다. 그러나 생각을 통해 우리의 현실이 만들어진다.

-시드니 뱅크스

임상심리학자 매슈 맥케이는 마음의 작동 방식을 팝콘 기계에 비유한다. 생각은 탁, 탁, 탁 끊임없이 튀어 오르는 팝콘처럼 쉴 새 없이 솟구친다. 당신 마음속의 팝콘 기계는 24시간 내내 돌아가며 갖가지 모양의 팝콘 알갱이들을 만들어 낸다. 그런데 그 작동 방식이 워낙 무작위적이라 지금 이 순간, 그리고 다음 순간 어떤 팝콘이 튀어 오를지 미리 알거나 조절하기는 어렵다.

하지만 그 팝콘을 먹지 않고 '바라보는 것'에 익숙해지면 어느 순간 깨닫게 된다. 그 모든 팝콘을 꼭 다 먹을 필요는 없다는 것을. 물론 마음속 기계의 전원을 꺼 버릴 수는 없다. 하지만 그러기는 나뿐만 아니라 누구나 마찬가지라는 점까지 생각하고 나면 조금은 위안이 되기도 한다. 우리는 그 기계를 멈출 수 없지만, 팝콘을 삼킬지 말지는 선택할 수 있다.

그러니 이제 우리가 할 수 있는 일에 집중해 보자. 쓸모없고 비현실적인 생각을 식별한 뒤 굳이 삼키지 않고 그냥 흘려보내는 것이다. 당신의 마음에 못난 팝콘이 튀어 오를 때 이렇게 말해 보면 어떨까?

"마음아, 고마워. 그런데 이번에는 사양할게. 난 그거 먹지 않을래."

그런 뒤 당신의 삶을 조금 더 따뜻하고 의미 있게 만들어 줄 다음 팝콘이 '탁' 하고 튀어 오르기를 기다려 보는 것도 괜찮다.

후회와 자책이라는 팝콘을 입에 넣지 않기

얼마 전부터 새 정수기를 렌털해서 사용하고 있다. 이전 정수기는 7년 넘게 사용했는데, 특별한 문제가 있어서 바꾼 건 아니다. 4개월마다 필터를 교체했고, 관리 기사님도 상태가 양호하다고 했다. 그런데 주위를 둘러보니 다들 5년쯤 쓰고 새 정수기로 바꾼다기에 나도 덩달아 더 작고 똑똑한 신제품으로 갈아탔다.

그런데 어느 날, 마음속 팝콘 기계에서 시커멓게 그을린 팝콘 하나가 '탁' 하고 튀어 올랐다. 마음이 속삭였다.

"물이 얼마나 중요한지 알기는 하니? 필터를 바꾼다고 해결될 문제가 아니라고. 펌프며 저장 탱크며 다 낡았을 거야. 애들 키우는 엄마가 그런 것도 챙기지 않았다니, 뭐 하는 거야? 이렇게까지 말하고 싶지는 않지만, 넌 그동안 오염된 물을 마셔서 암에 걸린 거야."

마음이 그렇게 끊임없이 팝콘을 튀기는 이유는 나를 지키기 위해서인지도 모른다. 하지만 때로는 그 경고들이 지나치게 나를 짓누른다. 또 그 생각들이 '진실'이라는 보장은 없다. 그 생각들은 그저 '나타난 것'일 뿐 '옳은 것'은 아니다. 입에 넣자마자 후회할 그런 팝콘일 뿐이다.

마음이 나를 망치려고 그러는 것이 아님을, 오히려 나를 지키고 싶어서 그런다는 것을 안다. 그런데 그 방식이 너무 피곤하고 집요하다. 마음은 늘 '어디 아픈 데 없냐', '뭐 잘못된 거 없냐, '앞으로 망할 일 없게 미리 대비하자'라고 말한다. 고맙기는 한데, 과하면 삶이 병들 수밖에 없다.

생각해 보면 정수기 교체 권유는 계약 갱신을 유도하려는 마케팅 전략일 수도 있다. 정수기의 실제 수명은 사용 빈도와 관리 상태에 따라 다를 것이다. 백번 양보해서, 내 무심한 성격 탓에 우리 가족이 오염된 물을 마셨고 그래서 내가 병에 걸렸다고 치자. 그게 사실이라 한들 그 생각을 붙들고 내 마음과 전쟁을 벌이는 것이 어떤 도움이 될까? 죄책감이라는 옷은 너무 자주, 너무 쉽게 꺼내 입기에는 무겁고 축축하다. 몸과 마음을 있는 대로 짓누르지 않는가.

밤새 첫눈이 내렸다. 제법 많은 양이었다. 베란다 난간에 소복이 쌓인 눈이 15센티미터는 돼 보였다. 그 눈을 보니 예전에 수필집에서 읽은 아름다운 우화 하나가 떠올랐다. 눈송이는 무게가 거의 없다고 말하는 야생 비둘기에게 진박새가 말했다.

"내가 전나무 둥치 옆 가지에 앉아 있었는데, 눈이 조용히 내리기 시작했어. 하나, 둘, 셋…. 달리 할 일이 없어서 그렇게 가지에 내려앉는 눈송이들을 셌지. 정확히 3,741,952번째 눈송이가 떨어졌을 때, 그 가지가 부러졌어."

우리의 내면에는 수많은 생각이 눈송이처럼 쌓여 간다. 그 눈송이 하나하나는 가볍고 투명해 보이지만 어느새 마음의 가지를 부러뜨릴 만큼 무겁게 쌓인다. 비난, 후회, 정리되지 않은 감정의 무게가 점점 느는 것을 깨닫지 못한 채 살아가다 보면 어느 순간 '뚝' 하고 부러지는 마음의 가지 앞에 서게 될 수도 있다.

이제 나는 마음속에서 솟아나는 팝콘을 억지로 먹거나 밀어내지 않고, 있는 그대로 바라보고 인정해 주려 한다. 그 모든 생각이 내 삶의 일부임을 받아들이며 그 무게를 의식적으로 측정하고 조절하는 법을 배우고 싶다. 지나치게 쌓이지 않도록, 그리고 부러지지 않도록 내 안에 여유와 자리를 만들어 주는 것이 내가 해야 할 일이다. 무거운 생각들이 쌓일 때마다 그 모든 것이 내 전부가 아님을, 잠시 내려놓아도 괜찮다는 것을 기억하고 싶다.

📝 심리학 노트

"마음아 고마워" 기법은 생각, 감정, 기억 등과 심리적으로 거리를 두는 방법이다. 고통스러운 내면의 경험에 빠져들지 않고 그것을 있는 그대로 바라보는 힘을 기를 수 있다.

방법

마음속에 부정적인 생각이나 감정이 떠오를 때 그것을 억누르거나 없애려 하지 않고 "마음아, 그 생각 알려 줘서 고마워" 또는 "불안아, 네가 또 왔구나. 알려 줘서 고마워"라고 말한다.

효과
- 내면의 소리에 휘둘리지 않고 관찰자적 시각을 갖게 된다.
- 감정이나 생각이 행동을 지배하는 상태에서 벗어나 내가 나의 행동을 선택하는 자유를 회복한다.
- 심리적 유연성을 높이고, 가치에 기반한 행동을 하게 된다.
- 이 기법은 어린아이를 다정하게 바라보듯, 내 마음속 감정을 억누르지 않고 인정하며 품는 자세에서 출발한다. 간단하지만 매우 강력한 마음챙김적 기술이다.

실제 상황 예시
예시 1. 발표를 앞두고 불안할 때
"아, 불안아. 또 왔구나. 내 마음을 지켜 주려는 거구나. 알려 줘서 고마워."

이렇게 말하면 '불안'이라는 감정을 없애려 애쓰지 않고, 그 감정과 나 사이에 거리를 두게 된다. 불안을 '나의 일부'로 인정하고, 그 불안을 안고도 내가 원하는 방향(가치)에 따라 행동하는 힘을 갖게 되는 것이다.

예시 2. 자신이 실패자라는 생각이 떠오를 때
"실패자라는 생각, 너 또 왔구나. 나를 지키려는 마음이구나. 알려 줘서 고마워."

이렇게 말하면 '나는 실패자다'라고 여기지 않으면서도 생각을 바라보게 된다. 생각은 '사실'이 아니라 단지 '생각'일 뿐임을 인식하는 게 핵심이다.

2-4
나뭇잎에 띄워 보낸 고라니

> 사람들은 괴로움을 내려놓기를 어려워한다. 미지의 것에 대한 두려움 탓에 익숙한 괴로움을 선택하는 것이다.
>
> -틱낫한

산책을 한다. 아무도 없는 숲으로 오늘도 간다. 집 앞으로 나가기만 하면 바로 산책로가 나온다. 이른 시간에는 부지런하신 동네 어르신들을 만나 뵙기도 한다. 하지만 낮에 산책을 나가면 나 혼자일 때가 많다. 시냇물이 산책길 양옆으로 흐른다. 아무도 없는 숲속에서 찰랑찰랑 물소리만 들린다.

3년 전 겨울이었다. 거의 전투복 차림으로 산책을 나섰다. 6.25 전쟁 때 피난민처럼 동동 싸맨 아이들도 함께였다. 겨울

철 산책은 귀찮고 힘들다. 하지만 겨울 숲의 알싸한 공기는 보통 매혹적인 것이 아니라서 반짝 볕 좋은 시간대에 우리는 산책을 나선다. 내가 사는 동네는 춥기로 유명하다. 수원에 살던 친구가 차를 몰고 우리 집을 방문한 적이 있는데, 자기는 이대로 북한 가는 줄 알았다며 농담을 해서 한참 웃었던 일이 생각난다. 맞다. 북한만큼이나 추운 동네에 산다. 산에서 부는 겨울 칼바람은 대단해서 겹쳐 입은 옷들을 단단히 여미는 것은 기본이고 정신 무장까지 해야 할 판이었다.

우리는 집 밖으로 나와 바로 산길로 접어들었다. 산책길 옆으로 흐르는 시냇물은 꽝꽝 얼어 버렸지만, 그래도 워낙 고요한 곳이라 표면의 얼음 밑으로 졸졸졸 물소리가 들리는 것도 같았다. 그런데 저만치 앞서 걷던 큰아이가 갑자기 나를 불렀다. 몸짓을 보아하니 뭔가가 개울가에 있다는 것 같았다. 나랑 둘째 아이는 서로 잠깐 눈을 맞춘 뒤 신나게 달려갔다.

고라니였다. 우리는 이 숲에서 산책을 하며 종종 고라니를 만나고는 했다. 정확히 말하자면 '마주쳤다'고 하는 것이 더 맞겠다. 고라니들은 너무나도 겁이 많아서 우리의 바스락거리는 옷자락 소리만 들려도 긴 다리를 휘휘 저으며 숲속으로 날렵하게 사라져 버린다.

우리는 꽤 여러 번 고라니를 '봤지만' 도무지 '만난 적'은 없었다. 늘 순식간에 멀어지는 뒷모습에 아쉬운 마음을 달래고는 했었다. 그런데 그날, 우리는 고라니와 만난 것이다.

깜깜하다 못해 시퍼런 밤에 시냇가 언저리를 지나다가 그랬는지 고라니는 얼어붙은 시냇물에 한 다리를 빠뜨린 채였다. 인간이라면 방법을 찾아서 빼냈을 테지만, 이 겁 많고 한없이 아름다운 존재는 얼음 속에 낀 다리를 꺼내지 못하고 밤새 울부짖다가 그대로 죽어 버렸다. 그때 아이들과 나는 알게 됐다. 전날 밤새 들리던 날카로운 야생 동물의 울음소리가 어디서 온 것인지를. 집 근처에 사슴 농장이 있어서 우리는 사슴들이 우는 소리에 꽤 익숙했는데, 전날은 좀 다른 소리였다고 아이들도 그제서야 이야기했다.

도무지 발걸음이 떨어지지 않았다. 그렇다고 그곳에 서서 할 수 있는 일이 있는 것도 아니었다. 커다란 갈색 모직 코트를 덮은듯 거기서 몸을 말고 움직이지 않는 생명체를 바라보기가 너무 힘들었다.

다음 날도 그 아이는 같은 자리에 있었다. 그다음 날도 마찬가지였다. 나는 아예 그쪽을 바라보지 않으려고 애쓰며 고개를 반대쪽으로 돌리고 걸음을 옮겼다. 누구한테 물어서라도 이 상황을 좀 해결해야겠다 싶었다. 옆집 할아버지께 물었다. 이럴 때는 어떻게 해야 하는지. 할아버지는 그냥 두는 거라고 하셨다. 산짐승들이 물어 갈 것이라고.

그랬다. 결국 그 아이는 사라졌다. 흔적을 찾으려면 찾을 수 있겠지만, 나는 여전히 고개를 비딱하게 돌리고 그곳을 통과했기에 보지 못했다.

3년의 세월이 지나 지금은 다시 봄의 시간이다. 그 아이가 누워 있던 개울가 가장자리에는 연두색 풀이 자라나고 꽃이 폈다. 숲은 자기의 시간을 살아가고 있다. 시냇물은 다시 찰랑거린다. 물론 나도 이제는 고개를 돌리지 않고 걷는다. 슬픔과 외로움은 더 이상 그곳에 없다. 고라니는 다시 숲으로, 바람으로, 숲속의 별로 돌아갔을 것이다.

고라니가 마지막으로 숨을 쉬던 자리는 이제 내가 생각과 감정을 흘려보내는 연습을 하는 자리가 됐다. 그 조용한 물가에 앉아 내 마음속에서 흘러가는 것들을 바라보고는 한다. 당신에게도 그 연습을 소개하고 싶다.

마음의 시냇물에 나뭇잎 띄우기 심상 연습

어느 따스한 오후입니다.
햇살이 나뭇잎 사이로 비집고 들어와
조용한 계곡에 반짝이는 무늬를 그려 넣습니다.
당신은 그 고요한 시냇물 곁에 앉아 있습니다.
물은 서두르지 않습니다.
그저 자기의 길을 따라

부서지는 빛과 함께 낮은 곳으로 흐르고 있습니다.

돌 틈을 휘돌아 흐르는 물살,

그 위로 작은 나뭇잎 하나가 떠내려갑니다.

햇빛에 반짝거리며, 아무 저항 없이, 아래로, 또 아래로 흘러갑니다.

작은 나뭇잎 하나는 그렇게 말없이, 담담히, 멀어져 가고 있습니다.

그 잎을 따라 생각해 봅니다.

지금, 당신의 마음에 떠오르는 하나의 생각을 바라보세요.

그 생각이 말이라면 나뭇잎 위에 적혀 있습니다.

그 생각이 장면이라면 나뭇잎 위에 그려져 있습니다.

당신은 단지 시냇가에 앉아 그 모든 것을 지켜보는 사람입니다.

생각을 멈추려 하지 않아도 됩니다.

생각을 없애려 하지 않아도 괜찮습니다.

그저 잎 위에 놓고 시냇물 위에 띄워 보냅니다.

어느새 또 다른 생각이 찾아옵니다.

그것도 나뭇잎 위에 조심스레 올려놓고 흘려보냅니다.

물은 당신이 어찌하든 자신의 속도로 흐릅니다.

더 빠르지도, 더 느리지도 않게.

만일 당신의 마음이 어디론가 멀어졌다면
혹은 당신이 나뭇잎 위에 올라가 있는 것을 발견한다면
괜찮습니다.
그저 조용히 알아차리세요.
'아, 내가 시냇물을 놓쳤구나.'
그리고 다시, 이 자리로 돌아오세요.

시냇가로.
이 흐름으로.
지금, 여기에.

시냇물은 여전히 흐르고,
잎들도 여전히 흘러가고,
당신은 그 곁에 조용히 머물고 있습니다.
생각은 멈추지 않지만,
당신은 자신이 그 생각이 아님을 알고 있습니다.
당신은 흐름을 지켜보는 사람.
생각의 강물 옆에 앉은 하나의 평온한 존재입니다.
당신은 당신의 생각이 아닙니다.
당신은 그저 바라보는 존재입니다.

그렇게 침묵의 강가에 앉아
지나가는 것들을
놓아주는 연습을 합니다.

먼저 이 지시문을 읽은 후에 눈을 감고 연습해 보기를 바란다. 나는 자주 이 시냇물에서 나뭇잎을 띄운다. 어떤 날은 비통과 절망을 나뭇잎에 쓰고, 어떤 날은 속절없이 외로운 마음을 쓴다. 먹지 않았으면 좋았을, 하지만 이미 잔뜩 먹어 버린 인스턴트 식품과 함께 자책하는 마음을 흘려보내기도 한다. 그렇게, 그냥 보낸다.

혹시 이 연습이 터무니없어 보이거나 '이게 뭐야' 싶은 마음이 든다면 바로 그 생각 자체를 나뭇잎에 올려 보는 것은 어떨까? 도움이 안 된다는 회의감, 문을 반쯤 닫은 그 마음마저도 함께 띄워 보는 것이다.

나는 3년 전 어느 겨울, 검은 숲속에서 밤새 슬피 울다가 죽어 버린 어린 고라니도 시냇물 나뭇잎에 띄워 흘려보낸다. 눈가가 얼어붙고, 하얀 서리가 작은 몸 위에 소복이 내려앉았을 그 작고 고요한 죽음을.

그리고 어느 따사로운 봄날, 나비가 돼 우리의 숲에서 다시 만나기를 소망해 본다. 숲의 어딘가, 내 마음이 아직 기억하는 그 자리에서 다시 만나기를. 아니, 어쩌면 우리는 이미 만나고 헤어졌는지도 모를 일이다.

📝 심리학 노트

우리 마음은 끊임없이 이야기를 만들어 낸다. 문제는, 그 이야기들에 너무 가까이 다가가면 그것을 진실로 믿게 되고, 결국 우리의 행동과 삶이 제한을 받는다는 것이다.

수용전념치료에서 말하는 인지적 탈융합은 그런 이야기에서 한 걸음 물러서는 연습이다. 다시 말해, 생각에 휘둘리지 않고 그것을 하나의 사건으로 인식하는 능력이다.

'시냇물에 나뭇잎 띄우기' 연습은 이 탈융합의 태도를 상징적으로 보여 준다. 때때로 우리 마음은 '나는 실패자야', '이건 잘못됐어', '도저히 견딜 수 없어' 같은 생각을 절대적인 진리처럼 내세운다. 하지만 그 생각들을 나뭇잎에 실어 흘려보내는 순간 우리는 더 이상 그 말들에 사로잡히지 않게 된다.

2-5
엄마, 나 좀 안아 줘

> 당신이 느끼는 모든 감정은 정당하다. 그것을 인정하고 느끼는 것만으로도 충분하다.
>
> —버지니아 사티어

일요일 저녁. 딸아이는 방에서, 아들은 거실에서, 나는 서재에서 각자의 시간을 보내고 있다. 초등학교 6학년인 딸은 요즘 한창 걸 그룹에 빠져 있다. 음악을 들으며 흥얼흥얼 따라 부르는 소리가 방 안에서 새어 나온다. 아직 스마트폰은 없지만, 내 폰을 빌려 녹음해 들으며 나름의 방식으로 즐기고 있다.

큰아이는 중학교 1학년이 돼서야 처음으로 스마트폰을 갖게 됐다. 그것도 6학년 담임 선생님이 예전에 쓰던 오래된 아이폰을 주신 것이다. 나는 원하면 언제든 사 주겠다고 했지만, 아이들은 아직 필요 없다며 한 번도 요구하지 않았다. 상담 시간에 큰아이의 담임 선생님께서 웃으며 말씀하셨다.

"정말 원하지 않았던 걸까요? 어머님께 부담이 될까 봐 말하지 못했던 건 아닐까요?"

나도 웃으며 대답했다.

"그럴 수도 있겠네요. 그런데 제가 보기에는 정말 아직은 필요하지 않다고 판단한 것 같아요."

그날 상담 시간에 아이가 너무 일찍 어른이 되어 가는 건 아닌지, 걱정 아닌 걱정을 나눴던 기억이 난다. 선생님은 잠시 말을 멈췄다가 조심스레 덧붙였다.

"그런데요, 어머님. 제가 가만 생각해 보니 ○○이한테 참 많이 의지했더라고요. 워낙 바르고 생각이 깊은 아이라 친구처럼 느껴졌어요. 그래서 매번 '난 너를 믿는다'고 말했죠. 그런데 그 말의 무게를 아이가 고스란히 짊어지고 있었을지도 모르겠네요. 아직 어린아이에게 너무 많은 걸 기대한 건 아닌지 미안한 마음이 듭니다."

 나는 그 말의 의미를 누구보다 잘 알았다. 왜냐하면 나도 그랬으니까. 나도 슬그머니 아이에게 의지하고 있었다. 부모들은 은근슬쩍 그런 짓을 한다. 담대한 아이로 자라기를 바라면서 정작 자신이 아이의 담대함에 슬며시 기대고 싶어 한다.
 그래서인지 나는 내가 건너는 감정의 강을 아이들에게 굳이 감추지 않았다. 어떤 날은 겁 많고 어설펐고, 어떤 날은 멋대로 넘실대는 감정의 파도에 올라탔다. 아이들은 내 모습을 다 봤을 것이다. 마치 '이게 바로 인생이다'라고 말하는 다큐멘터리를 보듯 말이다.
 하지만 나는 아이들도 자신의 생각과 감정을 미리 판단하거나 검열하지 않고 스스럼없이 있는 그대로 표현하기를 바란다. 이건 숨겨야 할 감정, 이건 수치스러운 감정, 이 정도는 사회에서 용인하니까 괜찮은 감정, 이건 나쁜 감정, 이건 좋은 감정…. 이렇게 자기 안에서 끝없이 분류하고 판단하는 데 들어가는 에너지를 줄이는 법을 어릴 때부터 조금씩 체득하기를 바란다. 내 안에서 일어나는 감정과 생각은 그 자체로 옳거나 그르다고 할 수 없다. 그 단순한 진실을 일찍 깨닫는다면 인생의 많은 순간을 조금은 덜 고통스럽게 지나갈 수 있지 않을까?

감정은 적이 아니라 신호

얼마 전, 중학생이 된 큰아이가 처음으로 중간고사를 치렀다. 학원 대신 자기 주도 학습이라는 이름의 '혼자 놀기 챌린지'를 즐겨 온 아이인지라 시험이라는 생경한 시스템 앞에서 우리 둘 다 살짝 설레기도, 긴장하기도 했다. 워낙 혼자 알아서 하는 아이라 '혹시?' 하는 기대도 슬며시 하게 됐는데, 내가 그런 마음을 품고 있다니 스스로도 약간 복잡한 기분이었다.

시험 둘째 날이었다. 현관문 열리는 소리가 나길래 아이를 마중 나갔다. 그랬더니 아이는 고개를 푹 숙인 채 신발을 벗다 말고 나에게 말했다.

"엄마, 나 좀 안아 줘."

키가 180센티미터인 장대 같은 아들이 그렁그렁한 눈망울로 나한테 고꾸라지듯 털썩 안겼다.

"엄마, 나 말도 안 되는 실수를 했어. 속상해."

자기가 제일 좋아하는 수학 과목에서 실수를 한 모양이다. 순간, 그 크고 어설픈 품에서 느껴지는 감정이 내 마음을 콕 하고 찔렀다.

"잘했어. 그리고 속상한 마음 말해 줘서 고마워."

진심이었다. 성적이 어찌 됐든 나는 그 말이 너무 고마웠다. "속상해"라고 말할 수 있는 용기, 그 감정을 감추지 않고 품에서 흘려보내는 태도가 참으로 귀하고 사랑스러웠다.

물론 아이의 앞날에 꽃길만 펼쳐져 있어서 기쁘고 아름다운 일들만 일어나면 좋겠지만 그렇지 않다는 것을, 그리고 그럴 수 없다는 것을 알고 있지 않은가? 속상하고, 슬프고, 기쁘고, 절망스럽고, 미칠 것 같고, 황홀하고, 수치스럽고, 행복하고 또 환희로운 이 모든 감정은 이유가 있어서 우리에게 다가오고 또 우리에게서 빠져나간다.

우리는 생각과 감정을 원하는 대로 통제하거나 마음먹은 대로 다룰 수 있다는 환상을 가지고 있는 것 같다. 하지만 수용전념치료는 우리는 그런 능력을 갖고 있지 않으며, 그렇기에 애써 그것들을 없애기보다 어떻게 받아들일지를 탐색해 보자고 제안한다. 체념하거나 포기하자는 이야기가 아니라 오히려 이 감정을 피하지 않겠다, 기꺼이 받아들이겠다, 그러나 이 생각과 감정에 휘둘리며 살아가지 않겠다는 태도에 가깝다.

2장에서는 내 머릿속 생각과 감정들을 곧이곧대로 믿으며 끌려다니는 상태인 '융합'에 대해 알아봤다. 그리고 융합에서 벗어나 생각과 감정은 그저 떠오르는 하나의 현상일 뿐임을 인식하고 그것들과 거리를 두는 '탈융합'의 과정을 소개했다. 이어지는 3장에서는 그 생각과 감정들을 수용함으로써 어떻게 더불어 살아갈 수 있을지를 다루고자 한다.

부모의 이혼 이후 어느새 훌쩍 자라 버린 아이들을 바라보면 늘 안쓰럽고 미안한 마음이 든다. 담임 선생님의 말처럼 아이는 너무 일찍 철이 들었고, 엄마를 위하느라 자신의 욕구를 포기했는지도 모른다. 아이들 역시 스스로 통제할 수 없는 다양한 생각과 감정을 겪을 것이다. 그래서 나는 아이들에게, 그리고 나 자신에게도 바란다.

통제하려 애쓰지 않기를.
피부 아래에서 꿈틀거리는 생각과 감정을 무조건 내쫓으려 하지 않기를.
그저 거리를 두고 바라보는 연습을 반복하면서 자연스럽게 힘이 생겼을 때 그것들을 있는 그대로 품어 안기를.
그리고 자기 안에서 천천히 녹여 내기를.

📝 심리학 노트

수용전념치료에서는 감정을 없애야 할 대상이 아니라 삶에서 중요한 무언가를 알려 주는 신호로 본다. 슬픔, 속상함, 불안 같은 감정은 살아 있기에 생기는 반응인 것이다.

또한 수용전념치료는 생각과 감정을 진실로 받아들이기보다 하나의 현상으로 바라보기를 권한다. 이런 관점을 익히면 우리는 감정에 휘둘리지 않고 자신이 중요하게 여기는 삶의 방향으로 나아갈 수 있다.

3장

마음의 저항 내려놓기

수용

3-1
마음에게 공간을 제공합니다

> 바꿀 수 없는 것을 받아들이는 평온과 바꿀 수 있는 것을 바꾸는 용기 그리고 그 차이를 분별하는 지혜를 주옵소서!
>
> -라인홀드 니부어

 수용전념치료 이론에 관한 전문 서적들이 굉장히 어려워 고전을 면치 못하던 시기가 있었다. 나만 그런가 했는데 동료 선생님들도 이해하기 쉽지 않다고들 하신다. 그래서 그런지 수용전념치료에는 직관적으로 논지를 이해할 수 있도록 은유와 비유를 이용한 설명들이 많다. 마음에 떠오르는 영상이나 정경, 특정 대상에 품는 전반적인 느낌을 통한 연습도. 책을 읽으면서 실습해 보는 것이 귀찮고 힘들 수도 있다. 혹시 하고 싶지 않다거나 해 봤자 소용없을 것이라는 부정적인 마음이 든다면 자연스럽게 인정하고 그 생각을 바라보자. 옳다, 그르다를 따질 필요는 없다. 그저 당신이 이 책에서 얻고자 했던 것이 있다는 사실에 집중하면 좋겠다.

불안한 생각과 친구가 되면 어떨까? 그 친구는 사실 무섭고 두려운 존재가 아니라 도움의 손길이 필요하거나 두려움에 떨고 있는 존재일 수도 있다. 그렇다면 이 불안에 따스한 연민을 가지고 친절하게 대하면 어떨까? 물론 무척 어색하고 이상하겠지만 불안한 생각을 몰아내려고 오랜 시간 사투를 벌이다 실패했다면 이제는 다른 접근이 필요하지 않을까? 어쩌면 나에게 다가온 불안은 내가 이 세상을 어떻게 받아들일 수 있으며, 어떻게 받아들여야 하는지 중요한 것을 가르쳐 줄 수도 있다.

연습을 하나 해 보자. 이 연습은 불안한 생각에 물리적인 실체가 있다고 상상함으로써 이전과는 다른 관점으로 그 감정을 바라보는 것이다.

불안과 친구 되는 연습

- 편안한 곳에 앉는다. 부드럽게 눈을 감는다. 천천히 그리고 깊게 심호흡을 세 번 한다. 자연스러운 호흡으로 돌아와 몇 분 동안 가만히 숨이 들고 나는 것에 집중한다.

- 호흡이 안정되면 이제 당신을 괴롭혔던 불안한 생각에 집중해 본다.
- 마음속에 떠오른 그 불안한 생각에 형태가 있다면 어떤 모양일지 상상해 본다. 네모날 수도 있고, 동그랄 수도 있다. 울퉁불퉁할 수도, 삐죽삐죽 날이 서 있을 수도 있다. 뭐라 규정할 수 없는 무질서한 형태일 수도, 특별한 모양이 없을 수도 있다. 상관없다. 다 괜찮다. 이렇게 불안한 생각에 모양이 잡혔다면 이제 색을 입혀 보자. 검은색, 회색, 빨간색, 초록색, 금색, 은색 등 당신이 원하는 아무 색이나 입힌다.
- 불안한 생각의 모양과 색이 정해졌다면 이제 마지막 작업이다. 바로 사람이나 동물처럼 겉모습을 만드는 것이다. 얼굴처럼 보이도록 눈, 코, 입, 귀를 그려 넣는다. 팔다리나 날개 혹은 꼬리를 달아 줘도 좋다. 그리고 그것을 바라본다. 부드럽고 온화한 모습일 수도 있고 괴물처럼 위협적인 모습일 수도 있다.
- 이제 겉모습을 갖추게 된 불안이 당신 몸속 어느 부분에 자리 잡고 있는지 상상해 본다. 머릿속에 있을 수도 있고 가슴이나 배에서 움직이고 있을 수도 있다. 그 어디에도 있을 수 있다. 다리나 손가락에 있어도 상관없다. 움직이지 않는 상태일 수도 있다. 움직이든 아니든, 그리고 어디에서 무엇을 하든, 그저 당신 몸 안에 있는 그것을 느껴 본다.

- 여기까지 잘 따라왔다면 이제는 그것을 몸 밖으로 불러낼 차례다. 불안한 생각을 없애 버리거나 지워 버리려는 것이 아님에 주의한다. 그것을 다른 관점과 시선으로 바라볼 수 있도록 꺼내는 것이다. 밖으로 나온 당신의 불안한 생각은 이제 어디로든 갈 수 있다. 당신이 있는 방의 천장에 붙을 수도 있고, 아예 다른 방으로 이동할 수도 있다. 그 생각이 움직이는 모습을 개입 없이 지켜본다.
- 이제는 당신이 질문을 하는 시간이다.

"너는 나에게 원하는 게 뭐니?"

그리고 조용히 대답을 기다린다. 어떤 대답이 나오든 그저 지켜보며 귀를 기울인다. 그것은 안전을 원할 수도 있고, 보살핌이나 사랑을 원할 수도 있다.

- 당신은 이제 그 생각과 함께 잠시 고요히 앉는다. 그저 함께 있는 마음에 집중한다. 그리고 당신의 상상 속에서 그것에게 따뜻하고 친절한 마음을 전한다. 소중한 친구에게 하는 것처럼 말이다.
- 생각을 몸 안으로 다시 불러온다. 생각은 당신이 아니고 이렇듯 당신 안에 있는 것임을 기억한다. 불안한 생각은 특별한 물리적인 노력 없이도 자연스럽게 당신을 드나들 수 있다는 점을 이해하는 것이 이 연습의 목표다. 당신은 이 불안한 생각의 친구가 돼 그것을 받아들이고 수용할 수 있다. 불

안한 생각을 끌어안고 다정히 대하는 방법을 배운 것이다.
- 생각이 다시 당신의 몸 안으로 들어왔다고 느껴진다면 처음에 했던 것처럼 잠시 호흡에 집중한다. 마지막으로 깊고 부드럽게 세 번 심호흡을 하면서 마무리한다. 가만히 눈을 뜬다.

수용전념치료의 목적은 증상을 완화시키는 데 있지 않다. 불안을 극복하는 것도 아니다. 더 행복해지기 위해서도 물론 아니다. 앞에서 함께 연습해 봤듯이 우리가 삶을 의미 있게 지속할 수 있도록 마음에 공간을 제공하는 것, 즉 여유를 갖는 것이 목적이다.

마음에 여유로운 공간을 만들면 불안하고 우울한 생각과 감정을 있는 그대로 수용할 수 있게 된다. 그렇게 함으로써 우리는 스스로 자유로워질 수 있다. 괴로운 생각이나 느낌이 완전히 사라져서 자유로운 것이 아니다. 그런 생각이나 감정이 더 이상 나의 삶을 한계 짓지 않기에 자유로운 것이다.

수용은 부드럽게 포용하는 행위다. 문자 그대로, 주어진 대로 받아들이는 것이다. 포기나 패배가 아니며, 이를 악물고 참는 태도도 아니다. 수용은 이 순간의 현실에 진정으로 마음을 열어 놓는 태도다.

삶이 뜻대로 되지 않는다면 우리가 할 수 있는 가장 현명한 일은 삶을 변화시키는 행동을 취하는 것일 테다. 그리고 그 행동은 수용에서 출발할 때 훨씬 효과적일 수 있다는 사실을 이해하면 좋겠다. 자신의 생각이나 감정과 싸우는 데 소비하는 시간과 에너지를 좀 더 의미 있는 조치를 취하는 데 투자하자. 우리가 불안, 우울과 싸우기를 멈추고 기꺼이 그것들을 받아들일 때, 삶은 더 풍요롭고 의미 있게 펼쳐진다.

심리학 노트

수용(acceptance)은 고통스러운 감정이나 생각, 신체 감각이 삶에 등장할 때 그것을 바꾸거나 피하지 않고 있는 그대로 받아들이는 태도다. 수용은 인내가 아니다. 포기나 체념도 아니다. 수용은 말 그대로 '그것이 존재함을 허용하고, 그 존재와 함께 살아가는 방식'이다.

수용전념치료에서는 사람이 겪는 정서적 고통, 특히 불안이나 우울, 분노 같은 감정은 누구에게나 자연스럽게 나타난다고 본다. 이런 감정들을 없애거나 통제하려 애쓰기보다 그 감정들이 삶을 방해하지 않도록 마음에 여유를 만드는 것이 수용의 핵심이다.

3-2
기꺼이 경험한다면
나를 통과해 간다

모든 것을 산다는 것은 긴요한 일입니다. 지금은 물음을 살아 가십시오. 그렇게 하면 아마도 당신은 차츰 자기도 모르는 사이에 먼 미래의 어느 날, 해답 속으로 들어가서 해답을 살아가게 될 것입니다.

-라이너 마리아 릴케

7년 전, 나는 난생처음으로 명상을 배워 보려고 서울에 갔다. 무엇에 이끌렸는지는 알 수 없지만, 낯선 영역에 들어섰음이 분명했다. 새로운 시작이었다. 그런데 막상 그곳에 도착하자 편치 않았다. '내가 지금 여기서 뭘 하는 거지?'라는 생각이 들어 가만히 고개를 저었다. 한숨이 터져 나왔다.

그 명상 센터는 복잡하고 쉴 틈 없는 강남 한복판에 있었다. 내게 '명상'이라는 단어는 자연, 고요와 연관돼 있었다. 산자락 안쪽의 작은 절집, 나무 사이로 스며드는 햇살, 들숨과 날숨 사이의 침묵…. 나는 그런 것들을 원했을 것이다. 하지만 그날 나는 번잡한 도시에, 그곳에서도 가장 숨 막히는 골목 안으로 들어섰다. 그런데 가는 날이 장날이라더니 센터 바로 옆 건물에서 공사가 한창이었다. 좁디좁은 강남 골목에서 건물을 올리고 있었으니, 어떨지는 쉽게 상상할 수 있을 것이다.

센터의 홀은 사람들로 금방 찼다. 모두들 너무 가까이 앉아 있어 불편한 기분이 들었다. 너무 많은 사람, 정체된 공기, 친절하지 않은 관계자들, 낯선 분위기, 그리고 쩌렁쩌렁 울리는 망치질 소리…. 짜증스러운 감정이 온몸에 달라붙은 것 같았다. 그때 지도자 선생님이 인사말도 생략한 채 눈을 감고 각자 자신의 들숨과 날숨을 바라보라는 설명을 시작했다.

나는 눈을 감았다. 들이쉬고 내쉬는 일상적인 움직임이 어색하기 그지없었다. 들이마시고, 내쉬고, 들이마시고, 내쉬고…. 어깨와 목이 자연스럽지 않았다. 온몸에 힘이 들어간 느낌이었다.

그놈의 망치질 소리, 윙 하며 공기를 찢어 내듯 울려 퍼지는 전기톱 소리, 인부들의 고함치는 소리, 뭔가가 둔탁하게 부딪는 소리…. 누군가가 내 몸의 신경 세포 하나하나를 강압적으로 잡아당기는 것 같았다. 나는 짜증과 울분으로 부글부글거렸다. 내 인생 최초의 명상을 이렇게 제대로 준비도 안 돼 있고 열악한 곳에서 하다니, 분하고 억울하게 느껴졌다. 나는 화가 났다. 그리고 화가 난 나를 지켜보느라 더 화가 났다.

드디어 명상이 끝났다. 지도자 선생님께서 말씀하셨다.

"저 소음이 방해가 되던가요? 내가 지금 여기서 명상 중이니 제발 좀 조용히 하라고 당장 달려가서 소리치고 와야 할까요? 그렇게 상황을 변화시키고 다시 앉아야 되는 걸까요?"

'도대체 지금 뭐라는 거야?'라는 생각이 절로 들어 선생님께 곱지 않은 눈빛을 발사해 버렸다.

판단하지 않고 그대로 받아들이는 용기

감사하게도, 그때는 미처 알지 못했지만 지금은 이해하는 점이 있다. 내가 그날 했던 경험은 바로 수용하지 않는 일, 바로 회피 그 자체였다는 것이다. 원치 않은 순간에 불편한 경험을 하게 됐고, 거기에서 벗어나고 싶은 열망을 품었다. 소음이 제발 좀 사라지기를, 홀 안의 사람들이 반 정도는 나가서 내가 제대로 숨을 쉴 수 있는 편안하고 쾌적한 환경이 되기를 바랐다.

처음 만난 명상 지도자 선생님이 한없이 부드럽고 친절하신 분이기를 바랐다. 기대와 현실 사이에서 나는 끊임없이 저항했다. 내 마음에 들지 않는 순간을 밀어내고 통제하고 다른 무언가로 바꾸려 애썼다.

그러나 시간이 지난 뒤 나는 조심스레 하나의 진실에 다가가게 됐다. 삶의 모든 순간을 내 뜻대로 조율할 수는 없다는 것이다. 불완전한 지금을 판단 없이 받아들이는 것이 기대와 현실 사이의 틈을 메우는 유일한 방법이다. 즉 나의 내면에서 일어나는 모든 감정과 생각, 감각을 있는 그대로 맞이하는 '수용'의 태도를 갖추는 것이다.

어떤 문제를 받아들이지 않으면 우리는 결국 특정한 경험을 회피하게 된다. 그런데 오히려 그 경험을 받아들이면 바로 그 문제를 내려놓게 된다. 매우 부정적인 경험이라 해도 예외는 아니다.

7년 전 그날, 나는 다시 눈을 감는다. 숨을 들이쉬고 내쉰다. 좁은 공간에 사람들이 많아서 혼란스럽다고 생각했는데, 모두들 각자의 자리에서 고요하게 수행하고 있다.

망치 두드리는 소리가 들린다. 전기톱 소리도 들린다. 잠시 소리에 집중해 본다. '명상은 판단하는 마음 없이 무슨 일이 일어나든 그저 마음을 다해 온전하게 지켜보는 것'이라는 선생님의 말씀이 들린다. 그러자 공사장에서 발생하는 소음은 말 그대로 '공사장'에서 나는 것이므로 너무나 자연스럽고 당연하다는 것을 알아차린다.

하지만 곧 속상하고 불편한 마음이 다시 올라온다. 나는 그 마음을 담대하게 바라보되 애써 붙잡지는 않는다. '나는 지금 불편한 마음을 가지고 있구나'라고 마음속에서 되뇐다. 그러자 생각이 잠시 뒷배경으로 물러난다. 이번에는 마음이 청각에 머문다. 소리에 귀를 기울이다 소리와 소리 사이에서 침묵의 시간과 무한한 공간을 발견한다. 그 찰나의 고요함에 마음을 붙인다.

그날의 망치질 소리는 더 이상 소음이 아니었다. 내가 외면하고자 했던 '지금 이 순간'이 내게 보내는 거칠고 분명한 목소리였다. 그 소리는 나를 흔들었고, 불편하게 했으며, 결국에는 나를 안으로 이끌었다.

고요한 산중이 아니라 소음 가득한 도심에서도 명상을 시작할 수 있다. 명상은 평화로운 감정에서가 아니라 억눌린 짜증과 울분을 알아차리는 데서 출발할 수 있다. 어쩌면 우리가 진짜 배워야 하는 것은 '조용한 곳에서 조용히 앉아 있는 법'이 아니라 '시끄러운 곳에서 고요를 발견하는 법'인지도 모른다.

삶이란 그런 것이다. 늘 완벽한 조건에서 살아갈 수는 없다. 그러므로 그날의 명상은 실패가 아니라 성공이었다. 망치 소리는 소음이 아니라 내가 나를 만나는 문턱이었다. 나는 그 문턱을 조심스럽게 넘어섰다.

  들숨과 날숨 사이의 짧은 틈, 소리와 소리 사이의 침묵을 따라 내 삶의 깊은 중심으로 들어갔다.

📝 심리학 노트

우리는 '명상'이나 '마음챙김'이라는 말을 들으면 고요하고 평화로운 상태를 떠올린다. 그러나 실제 삶에서 명상이 필요한 순간은 오히려 시끄럽고 불편하며 혼란스러운 현실 한가운데다.
명상을 통해 우리는 원하지 않는 감정이나 생각, 신체 감각 같은 내적 경험들을 억지로 없애거나 바꾸려 하지 않고 있는 그대로 받아들이는 힘을 키울 수 있다. 이때 수용의 태도가 필요하다.
고요함은 외부의 조건이 아니라 지금 이 순간을 있는 그대로 받아들이는 내면의 태도에서 온다.

3-3
삶이라는 녀석의 골수를 전부 빨아먹고 싶다

주의 깊은 고통은 영혼의 문을 연다.

-시몬 베유

소로의 《월든》에서 내가 가장 사랑하는 대목은 이것이다.

나는 삶을 깊이 있게 살고, 삶의 골수까지 전부 빨아먹고 싶었다. 굳건하고 스파르타식으로 살아서 삶이 아닌 모든 것을 몰아내고, 행동의 범위를 넓게 하고 불필요한 것을 바짝 깎아 내며, 삶을 구석으로 몰아 최소한의 핵심만 남기고 싶었다.

소로는 그의 인생을 충만하게 맛보고 싶어 했다. 그의 삶 속으로 불청객이 들이닥치더라도 달라질 것은 없다. 왜냐하면 그 또한 삶이기에. 그래서 그는 그 모든 것을 포용하는 그만의 방식을 위해 월든으로 향했을 것이다.

나는 겨울 날씨를 좋아한다. 빈틈없이 청아한 공기와 그 안에 스며드는 햇살의 포근함이 좋다. 시퍼런 칼날처럼 얼어붙은 겨울밤의 냄새도 사랑한다. 하지만 지난겨울은 끔찍하리만큼 혹독했다. 유방암 수술과 방사선 치료를 받아야 했는데, 머리와 몸을 따로 가지고 사는 것 같은 느낌이었다. 그때그때 떠오르는 온갖 부정적인 생각들과 불안한 상념들과 대면하고 전쟁을 치르느라 온전하고 강건하게 살지 못했다.

불면증이 찾아왔다. 상담실에서 불면증을 호소하는 내담자를 만나면 나는 그 고통을 이해한다고 생각했다. 그들의 상실과 우울에 공감한다고 생각했다. 그러나 내가 삶의 깊은 곳으로 끌려가기 전까지는 결코 알지 못했다. 불멸의 밤의 무게와 지독하게 무기력한 우울의 깊이를 말이다.

그러던 어느 날 밤이었다. 역시나 잠이 오지 않았다. 그때 나는 신경 정신과에서 처방받은 수면제를 최후의 보루로 여기며 뜯지 않고 있었는데, 그날은 정말 먹어 볼 생각이었다.

그러다 침대에서 곤하게 잠든 딸아이를 쳐다봤다. 가까이 다가가서 아이의 얼굴을 가만가만 만졌다. 여리고 길쭉한 발에서 아직도 아기 냄새가 나는 것 같았다. 그렇게 나는 아이를 오랫동안 품에 안고 있었다.

  그때 나는 잠깐이나마 머릿속 전쟁터가 아닌 삶 속으로 기어 나와 아이와 함께 존재했음을 느꼈다. 마침내 내 머릿속이 아닌 삶 속에 있는 것 같았다. 너무나 단순하고 명확한 감각이었다. 그리고 그날, 나는 잇몸에까지 깃들었던 긴장을 푼 뒤 안락하고 고요한 잠에 빠져들었다. 위태롭게 아우성치는 불안을 아이 덕분에 그제야 받아들일 수 있었다.

헨리 데이비드 소로의 수용의 철학

  '수용'이라는 단어는 불편하게 느껴지기도 한다. 당신이 고통에 몸부림치는데 만약 누군가가 "그냥 받아들여", "수용해"라고 한다면 어떤 생각이 들까?

  그런데 수용전념치료에서 '수용'은 이런 수동적인 태도가 아니라 강력한 능동적인 의지를 뜻한다. 《월든》에서 소로가 말한 것처럼 삶의 깊은 곳까지 내려가 삶이라는 녀석의 골수를 전부 빨아먹고자 하는 그런 의지 말이다.

  우리가 이 세상을 살면서 쉽게 바꿀 수 없는 것은 무엇일까? 바로 우리의 내적 경험이다. 생각, 감정, 기억, 충동, 욕구 등은 내가 원하는 대로 바꾸기 어렵다. 반면에 행동은 의지를 가지고 바꿀 수 있다. 결국 수용이라는 태도는 바꿀 수 없는 내면의 흐름들과 함께하면서 내가 정말로 바꿀 수 있는 것, 즉 삶의 방향성과 그것을 위한 구체적인 행동에 에너지를 집중하겠다는 선택이다. 고통을 없애는 것이 아니라 고통 속에서도 내가 원하는 삶을 살아갈 수 있도록 나 자신을 이끄는 마음의 자세이며, 이때 우리는 비로소 행동을 통해 삶을 움직이는 주체가 된다.

소로도 삶이 자기를 움직이게 두지 않고, 자신이 삶을 움직이는 자유에 대해 말하고 싶었던 것이 아닐까? 소로가 말했던 삶의 골수를 빨아먹는 자유, 그것은 고통을 피하려는 자세가 아니라 고통을 끌어안고도 나아가는 용기에서 비롯되는 것이 아닐까?

📝 심리학 노트

헨리 데이비드 소로는 《월든》에서 "삶의 골수를 전부 빨아먹고 싶다"라고 썼다. 삶을 피하지 않고 고통과 불확실성까지 본질적으로 경험하려는 태도였다. 그는 자연과 고독, 고통을 피해 도망치는 대신 그것들과 함께 있으려 했고, 삶의 핵심과 접속하고자 불편함마저 품으려 했다. 수용전념치료에서 말하는 수용 또한 삶에 대한 이런 깊은 헌신과 진실한 마주침을 의미한다.

감정은 억누르려 할수록 커질 뿐이다. 반면 있는 그대로 마주하면 그것에 휘둘리지 않고 내가 원하는 방향으로 행동할 자유를 얻게 된다. 이 자유는 외부의 조건이 아니라 내면의 태도에서 비롯된다. 소로가 남긴 "삶이 도망가지 못하도록 구석으로 몰아 삶의 본질을 남긴다"라는 말은 바로 이런 심리적 자유를 향한 선언일 것이다.

3-4
당신 삶의 버스 운전사

끝까지 하라. 너는 마침내 너의 인생에 올라타 완벽한 웃음을 짓게 될 테니 그것이 세상에 존재하는 가장 멋진 싸움이다.

-찰스 부코스키

수용전념치료에서는 다양한 은유를 사용하여 내담자의 통찰을 이끌어 내거나 조금 더 쉽게 진실로 다가갈 수 있도록 돕는다. 그중 대표적인 것이 버스 운전사 이야기다.

당신이 자기 삶의 버스를 운전하고 있는 버스 기사라고 생각해 보자. 당신에게는 정해 둔 길과 도착하려는 목적지가 있을 것이다. 당신은 운행을 시작한다. 버스는 여러 정류장을 지나고, 다양한 승객들이 탑승한다.

승객들은 우리의 내적 상태다. 통증, 불안감, 우울, 분노 같은 것들이 버스에 오른다. 당연하게도 기쁨과 만족, 흥미 같은 긍정적인 감정들도 버스의 승객이다. 기분, 감정, 충동, 생각, 기억, 욕구 같은 하나하나의 내적 경험이 버스에 타는 것이다. 그리고 당신은 승차를 거부할 수 없다. 마음이 작동하는 원리가 원래 그렇다.

어떤 승객은 매우 소란스럽고 절대 내리지 않는다. 끊임없이 당신을 겁주고 위협하고 괴롭힌다.

"지금 당장 버스 세워!"
"지금 우회전하란 말야!"
"아니야, 좌회전이 더 안전하다니까! 내가 더 잘 알고 있다고!"

승객들은 저마다 목소리를 높이며 떠들어 댄다. 모두들 제멋대로다. 당신의 삶이라는 버스에 올라탄 승객들은 당신에게서 운전대를 빼앗아 다른 길로 가려고 호시탐탐 기회를 엿보고 있다.

당신이 만약 승객들이 원하는 대로 버스를 멈추거나 성화에 못 이겨 우회로를 택한다면 목표했던 곳으로 갈 수 없다. 당신이 가고자 하는 곳으로 버스를 이끌 수 있는 사람은 오직 당신뿐이다.

삶의 버스를 운전하는 법

우리 인생의 주도권을 쥐고 있는 존재는 우리 자신이어야 한다. 삶이라는 버스를 어디로 몰고 갈지 결정하는 사람은 바로 당신이다. 버스의 운전대를 쥔 사람도, 가속 페달을 밟는 사람도 당신이어야 하는데 우리가 생각이나 감정, 충동, 욕구, 기억에 운전대를 내주기 시작하면 삶은 우리가 원하는 방향으로 가지 못하고 길을 잃게 된다.

그런데 여기서 중요한 점이 있다. 운전사인 당신은 승객들의 목소리를 완전히 따라서는 안 되지만 그렇다고 모두 무시해서도 안 된다. 이들의 목소리를 받아들이되 결국 운전대는 내가 잡고 있다는 사실을 기억해야 하는 것이다. 예를 들어 '나는 너무 모자란 사람이야'라는 생각이 들 때 그 생각을 억지로 떨쳐 내려 하지 않고 '아, 지금 내가 모자란 사람이라는 생각이 드는구나'라고 인정하면 된다. 당신이 운전하는 동안 뒤에서 승객들이 하는 이야기를 들어 주듯이.

불편한 감정이나 생각이 들면 '내가 지금 왜 이렇게 느끼는 거지?'라고 자신에게 물어보며 생각의 크기를 키우지 말고 '지금 나는 이런 감정이 드는구나'라며 인정해야 한다. 버스에 오른 진상 손님이 이번 정거장에서 내릴지 아닐지는 알 수 없는 법이다. 하지만 언젠가는 하차 벨을 누르고 터벅터벅 사라진다.

수용은 횡포를 부리는 몰지각한 버스 승객들을 인정하고 용서하고 참아 주는 행동이 아님을 기억하기를 바란다. 과거에 당신에게 매우 나쁜 일이 있었다고 치자. 수용은 생각하기도 싫은 그 일을 무기력하게 체념하고 받아들이는 태도가 아니다. 그 과거와 연합되어 있는 기억, 감정, 생각, 신체 감각을 회피하고 제거하려는 부질없는 싸움을 중단하는 것이다. 즉 현재의 삶을 회복하고 더 가치 있는 방향으로 걸음을 내딛고자 당신의 인생을 과거의 불미스러운 일들에 맡기지 않는 것이다.

마음속 소란은 멈추지 않을 것이다. 그 소리들이 끊임없이 당신을 시험하고 흔들겠지만, 당신의 의지와 선택만이 그 소리를 넘어설 수 있는 힘임을 기억해야 한다. 당신은 그 소리들을 모두 듣고도 그 속에 잠식되지 않고 자신의 운명을 써 나갈 수 있는 작가다. 당신이 허용하지 않는 한, 그 어떤 내면의 폭풍도 당신 삶의 서사를 바꿀 수 없다.

심리학 노트

삶의 버스를 운전하는 법은 다음과 같다.

숨과 함께 도착하기

이제 천천히 눈을 감고,
당신의 숨에 집중해 봅니다.
들이쉬는 숨,
그리고 내쉬는 숨.

숨이 들어오고 나가는 감각에 가볍게 주의를 기울여 보세요.
당신은 지금 여기, 이 순간에 도착하고 있습니다.
지금은 어디로 가지 않아도 됩니다.
그저 존재하기만 해도 충분한 시간입니다.

당신은 버스의 운전사입니다
이제 마음속으로 하나의 장면을 떠올려 봅니다.
당신은 버스를 운전하고 있습니다.
그 버스는 바로 당신의 삶입니다.
손은 운전대 위에 놓여 있고,
도로는 당신 앞에 펼쳐져 있습니다.
당신은 조용히, 묵묵히 앞으로 나아가는 중입니다.

승객들을 만나 봅니다
이제, 버스 안을 살펴봅니다.
당신 뒤로 여러 승객들이 타고 있습니다.
이들은 모두 당신의 마음속 생각, 감정, 기억, 충동입니다.
한 명씩 떠올려 봅니다.
어떤 승객은 이렇게 말합니다.
"넌 실패할 거야."
또 어떤 승객은 이렇게 속삭입니다.
"사람들이 널 싫어할 거야."
"그때 왜 그랬어!"라고 외치는 목소리가 들릴지 모릅니다.
"아무 의미 없어"라고 중얼거리는 익숙한 목소리도.

승객들은 전부 다른 얼굴, 다른 표정, 다른 목소리를 가지고 있습니다.
누구는 조용히 앉아 있고,
누구는 소란을 피우며 운전석 가까이까지 오기도 합니다.

그들의 말을 들어 봅니다
지금 이 순간
당신에게 가장 시끄럽게 말을 거는 승객을 떠올려 봅니다.
그 승객은 지금 당신에게 무슨 말을 하고 있나요?
잠시 멈추고, 그 말을 들어 줍니다.
저항하지 않고, 판단하지 않고,
그저 들어 주는 마음으로 머물러 봅니다.
그리고 그 말이 당신에게 어떤 감정을 불러일으키는지도 살펴봅니다.
그 감정을 억누르지 않고 있는 그대로 느껴 봅니다.

운전대를 누구에게 맡기고 있나요?
이제 조용히 스스로에게 물어봅니다.
'나는 지금 이 승객에게 운전대를 넘겼는가?'
'이 말에 휘둘려 가던 길을 멈추거나 방향을 바꾸고 있는가?'
만약 그렇다면, 괜찮습니다.
그것도 인간적인 마음의 작동 방식일 뿐입니다.
하지만 이 순간, 당신은 선택할 수 있습니다.
그들의 말에 귀를 기울이되

운전은 당신이 계속합니다.

운전대는 당신 손안에 있습니다.

내가 향하는 방향은 어디인가요?

이제 다시 도로 앞을 바라봅니다.

당신이 가고 싶은 방향은 어디인가요?

가족과의 연결,

진심 어린 관계,

배움과 성장,

세상에 기여,

창조와 표현,

당신이 진심으로 소중히 여기는 삶의 가치를 떠올려 봅니다.

그리고 그 방향으로 천천히 페달을 밟습니다.

작은 움직임으로. 괜찮습니다.

작고 조용하지만, 분명한 방향입니다.

승객은 여전히 타고 있지만

당신은 다시 운전대를 쥐고 앞으로 나아갑니다.

승객들은 여전히 버스에 타고 있지만,

이제 그들의 말에 반응하지 않고,

그들을 태운 채 목적지를 향해 가는 길을 선택할 수 있습니다.

그들은 함께 가는 존재일 뿐

당신의 길을 결정하는 사람은 오직 당신입니다.

마무리하며

다시 호흡으로 돌아옵니다.

숨을 천천히 들이쉽니다.

숨을 천천히 내쉽니다.

당신은 이 버스의 운전사입니다.

시끄러운 승객들을 태우고도,

당신이 중요하게 여기는 삶의 방향으로

계속 나아갈 수 있습니다.

천천히 눈을 뜨고,

오늘의 여정을 조용히 시작해도 좋습니다.

3-5
가냘픈 꽃을 손에 쥐듯이 고통을 쥐기로 한다

당신이 꼭 좋은 사람이 되어야만 하는 것은 아니다.
참회를 하며 무릎으로 기어 사막을 통과해야만 하는 것은 아니다.
다만 당신 육체 속에 있는 그 연약한 동물이 원하는 것을 할 수 있게 하라.
나에게 당신의 절망에 대해 말하라.
그럼 나의 절망에 대해 당신에게 말하리라.

-메리 올리버

심리학자 스티븐 헤이스 교수는 고통을 피하려는 사람은 결국 기쁨도 포기하게 된다고 말한다. 그들은 상처받지 않으려

하다 보니 사랑도 하지 않고, 실망하지 않고자 기대도 하지 않는다. 결국 살아 있기에 발생하는 모든 흔들림을 차단한 채 조용한 어둠 속에 홀로 머무는 쪽을 선택한다.

이것이 심리적 회피의 역설이다. 느끼지 않으려는 노력 속에서 우리는 더 크게 흔들리고, 살아 있으려는 의지를 내려놓으며, 삶으로부터 점점 멀어진다.

불안은 대개 실제적인 위험에 기반하지 않으며, 우울 또한 마찬가지다. 객관적인 현재 상황에 근거하지 않는 경우들이 많다. 실제로는 우리가 머릿속에서 염려하고 불안해하는 것보다 덜 나쁠 가능성이 높다는 것이다. 그럼에도 불구하고 우리는 그동안 축적한 언어와 이미지로 조건화되고 덩치를 키워 온 부정적인 감정들에 속수무책으로 당하는 때가 많다.

예를 들어 보자. 양육자에 의해서 어린 시절 끔찍한 학대를 당하며 성장한 사람이 있다. 이미 성인이 된 그는 이제 더 이상 유약한 어린이가 아니다. 게다가 그에게 영향을 끼쳐 왔던 양육자들은 이미 세상을 떠났다. 그런데도 그의 고통은 멈추지 않는다.

어린 시절 양육자에게서 충분한 돌봄이나 인정을 받지 못해 버려진 느낌을 받았던 그는 자신의 기대가 깨지면 걷잡을 수 없는 분노에 휩싸이기도 하고, 집착과 불안이 동반된 불안정한 대인 관계를 보이기도 한다. 정서적 주요 관계에 있는 사람에게 강렬한 애정과 분노를 교차해 드러내고, 극단적인 심리적 불안정성 때문에 통제하기 힘든 다양한 돌출 행동을 하기도 하며, 스스로도 자신에 대한 혼란을 경험한다. 또한 이런 경험들 때문에 조심스럽게 감정을 억누르다가 우울과 불안 장애를 겪는 양상을 보일 때도 있다. 그는 자신을 더욱 심하게 자책하고, 마침내 감정과 연결을 끊어 버리려는 방어 기제로 감정 표현 불능(alexithymia) 상태에 이른다. 감정을 피하려는 그의 오랜 노력은 아이러니하게도 감정을 인식하고 표현하는 능력 자체를 약화시킨다. 고통을 피하려는 심리적 회피가 결국 자신과의 연결을 끊어 버리는 방식으로 작동한다는 수용전념치료의 핵심 개념을 그대로 보여 주는 예다.

우리는 알고 있다. 그가 이 지경이 되도록 아무런 노력을 하지 않은 게 아님을. 분명 그는 어떻게든 이 진창 같은 마음에서 벗어나기 위하여 엄청난 에너지를 투자했을 것이다. 매번 두서없이 올라오는 부정적 감정들을 피하고자 그가 생각해 낼 수 있는 온갖 종류의 대처 방법을 사용해 왔을 것이다. 하지만 두려움을 피하려고 필사적으로 해 오던 일들이 더 높고 두꺼운 장애물을 만들어 버린 것이다.

영어에는 'Throw the baby out with the bathwater'라는 표현이 있다. 문자 그대로 해석하면 '아기와 함께 목욕물도 버리다'라는 뜻으로, '중요한 것까지 함께 버리다'라는 의미다. 더러

워진 물을 버리고 깨끗한 물을 다시 받아 쓰려고 욕조를 비우다가 그 안에 있던 아이까지 함께 버리는 상황을 떠올려 보라. 즉 불필요한 것과 필요한 것을 구분하지 못하고 모두를 일괄적으로 제거하는 어리석음을 경계하는 말이다.

어떤 이는 남들보다 더 예민하게 고통을 느끼지 않으려고 안간힘을 썼을 것이다. 그 예민한 감각으로부터 거리를 두기 위해 애쓰는 동안 그는 결국 그만큼 예리하게 느낄 수 있는 기쁨으로부터도 멀어진다. 피하고자 했던 고통뿐만 아니라 찬란한 생의 환희까지 내던져 버린 것이다.

스티븐 헤이스 박사는 이렇게 말했다.

기꺼이 경험하지 않고 기꺼이 느끼지 않으려는 만성적인 경향의 부작용 중 가장 슬픈 것은 우리가 무엇을 피하고 있는지를 인식하는 능력 자체가 약화된다는 점이다.

그렇다면 어린 시절부터 학대를 당하며 힘겨운 삶을 살아온 그에게 필요한 수용이란 어떤 것일까?

내가 깨달은 기꺼이 경험하기

수용전념치료에서 말하는 수용, 혹은 '기꺼이 경험하기'는 상황이나 사건, 행동 자체를 무조건 받아들이라는 의미, 즉 어린 시절 양육자로부터 겪은 학대를 수용하라는 뜻이 아니다. 학대라는 행위가 아니라 그로 인해 여전히 고통 속에서 살아가는 '나 자신'을 수용하라는 것이다. 머릿속 전쟁터에서 끊임없이 재생되는 힘든 기억, 기억에서 비롯한 불안과 수치심, 변화하고 싶은 마음 때문에 생기는 연약하고 가여운 두려움…. 우리가 수용해야 할 것은 바로 이런 살아 있는 '지금 이 순간의 경험'이다.

나 역시 수용의 진정한 뜻을 이해하기까지 오랜 시간이 걸렸다. 의미는 알고 있었지만, 그것이 내 안에서 실제로 일어나기 전까지는 진심으로 이해하기가 불가능했다.

내가 깨달은 바는 내가 수많은 문제를 지니고 있다는 사실이 인생의 핵심은 아니라는 것이다. 내 삶을 지배했던 가장 큰 고통은 불안이나 우울, 충동, 외상이나 분노가 아니었다. 오히려 그것들과 끝없이 전쟁을 치르며 내 삶의 진짜 선택과 가치를 외면하고 미뤄 뒀다는 점이었다.

기꺼이 경험하기, 곧 수용이란 내가 느끼지 않던 특별한 감정을 새로이 느끼는 것이 아니다. 이미 내 안에서 살아 있는 감정들을 억누르지 않고 있는 그대로 느끼는 것이다. 어떤 다른 노력도 더할 필요가 없다. '지금 여기'의 나에게 잠시 조용히 자리를 내주는 것. 그것이 진정한 수용의 시작이다.

스티븐 헤이스에게서 인용한 기꺼이 경험하기는 다음과 같은 것이다.

- 가냘픈 꽃을 손에 쥐듯이 고통을 쥐는 것.
- 우는 아이를 끌어안듯이 고통을 끌어안는 것.
- 중병에 걸린 사람과 함께 앉아 있듯이 고통과 함께 앉아 있는 것.
- 훌륭한 그림을 바라보듯이 고통을 바라보는 것.
- 흐느껴 우는 아이를 데리고 걷듯 고통과 함께 걸어가는 것.
- 친구의 말을 경청함으로써 그를 예우하듯이 고통을 예우하는 것.
- 깊은 숨을 들이쉬듯이 고통을 들이쉬는 것.
- 집으로 돌아가려고 무기를 내려놓는 병사처럼 고통과의 싸움을 내려놓는 것.
- 깨끗한 물 한잔을 마시듯이 고통을 마시는 것.
- 지갑에 사진을 넣어 가지고 다니듯이 고통을 지니고 다니는 것.

고통을 품고 살아가려는 결심이 얼마나 두렵고 무시무시한지 나도 알고 있다. 하지만 반대로 그저 안전해지려고 기를 쓰며 애써 봤다면 그 모든 노력에도 불구하고 결코 완전히 안전해질 수 없다는 것 또한 이미 알고 있지 않은가.

꽃잎 하나 떨어질까 조심스레 손에 쥐듯, 그 고통을 조심히, 그러나 단단히 감싸 쥐고 살아가기로 한다. 고통을 부끄러움 없이 지니면서, 예우하고, 대접하며, 내 삶의 일부로 받아들이고 싶다.

📝 심리학 노트

고통은 초대하지 않은 손님처럼 우리를 찾아온다. 원하든 원하지 않든 문턱을 넘어 들어와 자리를 잡는다. 많은 이가 이 불청객을 밀어내고 싶어 한다. 그러나 '기꺼이 경험하기'는 싸움이 아니라 동행을 선택하는 일이다.

- 고통을 쥔다는 것은 가냘픈 들꽃을 손바닥 위에 올려 두는 일과 같다. 세게 쥐면 상하고, 느슨하면 떨어진다. 손끝의 감각으로 그것이 '존재함'만을 허용하는 다정한 태도를 지녀야 한다.
- 우는 아이를 품에 안듯 고통을 안아라. 달래기 위해서가 아니라 그냥 곁에 있기 위해서. 고통은 해결의 대상이 아니라 머물 자리를 필요로 하는 감정이다.
- 중병에 걸린 사람 옆에 묵묵히 앉아 있는 것처럼, 고통과도 함께 앉아 있는 시간이 필요하다. 반드시 고쳐야만 한다는 믿음이 때로는 더 깊은 고립을 낳는다는 것을 말없이 머무는 순간 속에서 우리는 배운다.

- 훌륭한 그림을 감상하듯 고통을 바라보라. 그 안의 색과 질감, 낯선 형태까지도 잠시 멈춰 서서 들여다보라. 판단이나 해석 없이 오랫동안 감상해 보라.
- 흐느끼는 아이의 손을 잡고 천천히 걷듯 고통과 함께 오늘을 지나라. 안아 줄 수는 있지만 대신 걸어 줄 수는 없다. 삶은 그렇게 이어진다.
- 친구의 말을 경청하듯 고통의 말에도 귀를 기울여라. 외면하지 않고, 끼어들지 않고, 그것이 말하는 방식 그대로 듣는 태도는 고통을 예우하는 방식이기도 하다.
- 깊은 숨을 들이쉬듯 고통을 들이마셔라. 억지로 삼키라는 말이 아니다. 숨처럼 자연스럽게 받아들여야 한다. 때로는 우리 내면의 공기를 바꿀 필요가 있지 않은가?
- 무기를 내려놓는 병사처럼 고통과의 싸움을 멈춰라. 피로와 분노로 얼룩진 손을 거두고 돌아갈 집이 있음을 기억해 내라.
- 깨끗한 물 한잔을 마시듯 고통을 받아들여라. 달콤하지도 독하지도 않고 씁쓸하되 맑은 그것을 삶의 일부로 받아들여 자신의 일부가 되게 하라.
- 지갑 속 사진처럼 고통을 조용히 지니고 다녀라. 항상 꺼내 보지는 않지만, 늘 함께 있는 존재. 지나온 시간의 증거이자, 앞으로 나아갈 이유가 된다.

이처럼 삶을 밀어내던 손을 거두고 그 곁에서 천천히 나란히 걷는 일, 그것이 기꺼이 경험하기다.

4장

지금 여기에 머무는 연습

현재와의 접촉

4-1
연약할지라도
사그라들지는 않는 마음

진정한 여행이란 새로운 풍경을 찾는 것이 아니라 새로운 눈을 가지는 여정이다.

-마르셀 프루스트

아이들을 등교시킨 후 줄곧 노트북을 노려보다가 세 시간이 지났다. 온갖 잡동사니들을 머리에 이고 지고 이렇게 앉아 있다. 어쩜 단 한 줄도 나오지 않는 걸까. 그러다가 일단 머릿속 잡동사니들을 먼저 치워야겠다고 마음을 먹는데, 도무지 어떻게 해야 할지 모르겠다. 밀도 높은 정적이 나를 사방에서 짓누른다. 나는 일단 핸드폰을 집어 든다. 그리고 지금쯤 토끼같이 예쁜 눈을 뜨고는 오매불망 점심 급식을 기다리고 있을 아이들에게 문자를 보낸다.

○○야,
요즘 엄마 컨디션이 좀 안 좋았던 거, 너도 느꼈지?
이유도 많고 핑계도 많았지만, 그사이 수행도 멈추고 공부도 멀어졌어.
그렇게 나를 놓치다 보니, 다시 게을러진 모습에 속상하고, 짜증도 나고, 그러다 어느새 슬픔이 밀려오더라.
늘 너희에게는 따뜻하고 다정한 엄마이고 싶은데,
왜 이렇게 모자란 것 같기만 할까.
미안해.
조금 더 다정하지 못해서.
하지만 다시 마음을 가다듬어 볼게.
처음으로 돌아가서, 내 마음도 잘 돌보고,
더 따뜻한 모습으로 너희 곁에 있을 수 있도록 말이야.
사랑해.
이따가 밝고 예쁜 얼굴로 다시 만나자.
엄마가.

아이들에게 사과를 하고 싶었다. 언제라도 나의 민낯을 여과 없이 받아들일 수밖에 없기에 아이들에게 늘 미안하다. 요즘 나는 부대끼는 일들이 많다는 거창한 핑계를 들이밀며 아이들에게 날 선 언행을 해 왔다. 더 이상은 참을 수 없다는 듯 큰아이가 한마디 던졌다. "엄마! 별일도 아닌데 요즘 왜 이렇게 짜증을 내?"라고 말이다. 그때 나는 아이의 바른말도 곱게 들리지 않아 기분이 상했다.

나는 감정 조절에 서툴다. 가끔은 내가 감정을 처리하는 것이 아니라 감정이 나를 처리하는 느낌이 들기도 한다. 따지고 분석할 일들을 우선순위에 두느라 정작 내 눈앞에 지금 펼쳐져 있는 현재는 온데간데없다. 그 아름다운 시간들이 내 곁을 유유하게 흘러가고 있다는 사실 자체를 인지하지 못한다.

아주 오랫동안 나는 무엇을 보든 즉각적으로 호와 불호를 명확히 가려내는 데 선수였다. 누군가를 보면 순식간에 좋은 사람과 나쁜 사람으로, 매력적인 사람과 그렇지 않은 사람으로 분류하고 나에게 입력된 정보를 바탕으로 그 사람을 대했다. 오로지 내 눈에 비친 세상과 사람을 볼 뿐 진심과 진짜를 볼 수 있는 혜안은 점점 사그라들어 버렸다.

나는 '자기 동일시'의 늪에 빠져 있었다. 누군가가 나를 향해 비난하면 즉각 그 비난과 동일시되어 주저 없이 화를 냈다. 물론 칭찬을 하면 그것에도 동일시되어 춤이라도 출 듯이 우쭐대기 바빴다.

어떻게 하면 계속 행복한 상태에 머물 수 있는지 알고 싶었다. 이걸 하면 더 행복할지 저걸 하면 더 행복할지 가늠하느라 진짜 행복이 내 옆에 있는지도 모르고 지나간 적이 수도 없이 많았다. 예전에는 행복했었는데 지금은 행복하지 않아서, 지금 행복하기는 한데 앞으로는 행복할 것 같지 않아서, 행복하지 않으면 나만 뒤처지는 것 같아서, 행복하지 않으면 실패한 인생인 것 같아서, 그리고 간신히 잡은 그 행복이 영원하지 않을 것 같아서 나는 끊임없이 불안하고 불행했다. 명상을 시작하고 난 뒤에야 이 기막힌 진실을 알게 됐다.

어느 날 밤, 나는 방석을 펴고 조용히 앉았다. 그날따라 돌아가신 엄마가 유난히 많이 생각났다. 그리움이 무거운 돌처럼 가슴 깊은 곳에 내려앉아 아무 말도, 감정도 새어 나오지 못하게 틀어막고 있는 것 같았다. 나는 조용히 숨을 고르고 명상을 시작했다. 눈을 감고 들숨과 날숨을 바라봤다.

단지 숨이 오갈 뿐인데 슬픔의 뭉텅이가 내 몸을 가로질러 들어왔다가 다시 빠져나가는 것 같았다. 들이쉴 때마다 엄마의 부재가 내 안으로 들어오고, 내쉴 때마다 그 부재가 다시 세상으로 흩어지는 듯했다. 그 숨의 리듬 속에서 나는 엄마를 떠올렸다. 내 이름을 부르던 엄마의 목소리, 슬픈 눈빛. 그 모든 것이 찰나의 이미지처럼 떠올랐다가 사라지고, 또다시 돌아왔다.

그러던 어느 순간 내 안에서 무언가가 조용히 열리는 느낌이 들었다. 몸은 이 방에 머물고 있는데 의식은 아주 멀리, 우주의 바깥 어딘가로 옮겨 간 듯한 감각이었다. 바깥도 아니고 안도 아닌 곳. 시간도 공간도 없이, 그저 존재만이 흐르고 있는 낯선 자리. 그곳에서 나는 갑작스러운 감정 하나와 마주쳤다.

'내가 엄마였다. 그리고 엄마가 나였다.'

처음에는 이게 도대체 무슨 뜻인지조차 알 수 없었다. 하지만 그 말은 머리로 이해하는 것이 아니라 몸 전체로 알아차리는 것이었다. 그 순간, 엄마의 고단했던 삶, 내가 보지 못했던 엄마의 외로움, 그리고 나를 향한 사랑의 무게가 한꺼번에 밀려왔다. 나는 울지도 웃지도 못한 채 그 감각 속에 가만히 잠겼다.

어떤 이론으로도 그 경험을 설명할 수 없다. 꿈도 아니고 환상도 아니며 환청도 아니었다. 다만 한 가지는 분명했다. 나는 완전히 열려 있었다. 감정에도, 기억에도, 엄마에게도, 그리고 자신에게도. 어떤 판단이나 저항 없이 나는 그저 열린 채였다. 적어도 그 순간만큼은 나는 세상을 향해 열린 문 그 자체였다.

지금 여기에 그대로 존재한다는 것

여기 과중한 업무에 지치고, 사람들과의 어긋난 관계 때문에 마음이 다치고, 무언가에 눌린 듯 하루하루를 버티고 있는 당신이 있다. 당신은 견디다 못해 결국 휴가를 내고 별다른 계획도 없이 무작정 바다를 향해 달려간다.

드디어 도착한 바닷가. 말없이 서 있는 당신 앞에 드넓은 수평선과 잔잔한 파도가 펼쳐진다. 당신은 그 앞에서 조용히 숨을 들이쉰다. 바다 냄새가 섞인 공기가 천천히 폐 속으로 들어온다. 맑고 차가운 푸른 숨이 깊숙이 스며든다.

그 순간만큼은 어제의 피로도, 내일의 불안도 멀리에 있다. 당신은 잠시 생각을 멈춘 채 지금, 여기에만 존재한다. 그건 아주 단순하고 소박한 감각이다. 대단한 깨달음이라기보다는 그저 '있는 그대로' 잠시 머무는 일이다.

단지 그렇게 있는 것만으로도 마음은 열린다. 세상을 향해 마음이 열리는 순간이 꼭 특별한 수행이나 극적인 변화가 있어야만 찾아오는 것은 아닐 테다. 때로는 그저 멈춰 서서 숨을 고르는 것으로도 충분하다. 나중에는 꼭 먼 바다까지 올 필요는 없었다고 생각하게 될지도 모른다.

붓다는 이렇게 고백한다.

나는 연약하고, 정말로 연약하고, 말할 수 없이 최고로 연약했다.

바로 그 연약함 위에서 그의 위대한 영적 여행이 시작되고 또 완성됐다.

엄마의 죽음은 나를 죽이고 또 나를 일으켰다. 연약하고 볼품없는 나의 마음은 계속해서 나를 구하고 또 구해 낸다. 아무리 연약하다 해도 절대 속수무책으로 사그라들지 않는다. 이것이 나의 마음이다.

이 장에서 수용전념치료에서 가장 중요한 '현재에 접촉하기 (contact with the present moment)' 혹은 '마음챙김(mindfulness)'이라고 부르는 기법에 대해 안내하고자 한다. 우선 대단하고 엄청난 수행에 집중해야만 이룰 수 있는 영적인 과정이 아니라는 점을 말하고 싶다. 매우 평이하지만 동시에 매우 본질적인 '실존', 그저 지금 여기에 존재하는 단순하고도 고귀한 감각에 대해 알아보고 또 경험해 보는 시간이 되기를 바란다.

오늘 저녁 아이들은 다시 집으로 돌아올 것이다. 환하고 예쁜 마음을 가득히 안은 우리는 다시 진심으로 만날 것이다. 그리고 나는 좀 더 다정하게, 좀 더 따뜻하게, 아이들을 향해 다시 열려 있을 것이다.

📝 심리학 노트

수용전념치료에서 '현재에 접촉하기'란, 지금 이 순간에 일어나는 내적·외적 경험을 판단하거나 통제하지 않고 있는 그대로 알아차리는 과정을 의미한다. 이는 현재로부터 주의를 빼앗는 자동적인 사고 패턴(예: 과거에 대한 후회, 미래에 대한 불안)에서 벗어나, 지금 여기에 의식적으로 머무는 상태를 말한다.

이런 마음챙김적 태도는 불편한 감정이나 생각이 존재함을 인정하고 수용하면서 자신이 중요하게 여기는 방향으로 나아가도록 돕는다. 감정이나 생각은 일시적이지만, 지금 이 순간에 접촉하는 존재로서의 자아는 보다 넓고 안정된 기반이 될 수 있다.

수용전념치료에서는 이를 '자기 초월(self-as-context)'이라고 표현한다. 이는 우리가 고정된 자아상이나 특정 감정과 동일시되는 것을 넘어서서 변화하는 경험을 관찰할 수 있는 넓은 '자리' 혹은 '의식의 공간'에 위치함을 뜻한다. 자기 초월적 관점을 갖게 될 때 우리는 자신이 감정 그 자체가 아님을 이해하고, 보다 유연하고 따뜻한 시선으로 자신과 세상을 바라본다.

'지금 여기'에 머문다는 것은 특별한 수행이 아니라 삶의 리듬을 따라 잠시 숨을 고르는 일이다. 삶은 언제나 현재에서만 경험할 수 있으며, 그 사실을 받아들이는 순간 우리의 마음은 자연스럽게 열린다.

4-2
잠깐 기다려!
이 일만 끝내고…

마음의 평화는 오직 지금 이 순간에만 존재합니다.

"잠깐 기다려. 이 일만 끝내고 평화로워질게."

이 말은 엉터리입니다. '이 일'이란 도대체 무엇입니까? 당신이 따려고 하는 학위입니까? 구하려는 직업입니까? 얻으려는 주택입니까? 갚으려는 빚입니까? 이런 식으로 생각한다면 마음의 평화는 결코 찾아오지 않습니다. '이 일'을 끝내면 '다음 일'이 기다리고 있을 것이기 때문입니다. 바로 지금, 마음이 평화롭지 않으면 앞으로도 평화로울 수 없습니다. 마음이 진정으로 평화롭기를 바란다면 바로 지금 평화로워야 합니다. 그렇지 않으면 그것은 희망 사항에 불과합니다.

-틱낫한

밥 해 먹기가 정말 쉽지 않다. 문제는 단순하다. 내가 설거지를 바로 하지 않는다는 것. 식기들은 싱크대에 쌓여 가고, 다음 끼니를 준비하러 부엌에 가면 지난 끼니의 흔적들을 마주해야 한다. 밥을 해 먹는 기쁨은커녕 피로감이 먼저 나를 찾아온다. 나는 설거지를 싫어한다. 이 태도는 마치 '나'라는 사람의 일부처럼 내게 들러붙어 있다. 그래서일까, 설거지를 할 때면 늘 '빨리 끝내야 내가 하고 싶은 걸 할 수 있어'라고 생각한다. 차를 마시고, 음악을 듣고, 글을 쓰고, 앉아서 숨을 고르고…. 하지만 사실 이런 식의 일 처리는 삶의 많은 순간을 '버텨야만 하는 시간'으로 만든다. 그러던 어느 날, 틱낫한 스님의 문장이 나를 멈춰 세웠다.

설거지를 하면서 뒤에 차 마실 일만 생각하고, 그렇게 마치 성가신 일을 처리하듯 서둘러 그릇을 씻는다면 우리는 설거지를 하기 위해서 설거지를 하는 것이 아닙니다. 게다가 설거지를 하는 동안 자기 삶을 알차게 살지도 못하는 거예요.

스님의 말씀은 이어진다.

지금 설거지를 제대로 하지 못한다면 이따가 차도 제대로 마실 수 없겠지요. 차를 마시면서 다른 일을 생각하느라고 자기 손에 찻잔이 있는지도 모를 테니까요. 그렇게 아직 오지도 않은 미래에서 헤매느라고 자기 삶의 한 순간도 알차게 살지 못하고 마는 겁니다.

미루지 않고 지금 이 순간을 느껴라

세계적으로 정평이 난 심신 의학 프로그램인 '마음챙김에 기반한 스트레스 감소 프로그램(Mindfulness-Based-Stress Reduction, MBSR)'의 창시자 존 카밧진은 마음챙김을 "순간순간 펼쳐지는 경험에 대해 의도적으로 바로 그 순간에 평가하지 않고 주의를 기울이는 것을 통한 알아차림"으로 정의했다. 또한 그는 마음챙김이 아무것도 하지 않는 무기력이나 나태가 아님을 강조한다. 마음챙김을 통해 우리는 근원적인 존재로서 균형 잡힌 삶을 살 수 있다는 것이다.

이와 같이 마음챙김은 현재의 순간순간을 알아차리는 것, 연속적인 지각의 순간들에서 우리와 우리 안에 실제로 일어나고 있는 현상을 하나의 마음으로 분명하게 알아차리는 것이다.

어쩌면 아직 마음챙김에 대한 설명이 쉽게 다가오지 않을 수도 있다. 그렇다면 설거지를 예로 들어 보자. 수도꼭지에서 물이 떨어진다. 기름기가 남아 있는 그릇들을 닦으려고 따뜻한 물을 받는다. 세제를 묻힌 수세미를 한 손에 쥐고 아직 밥풀이

묻은 밥그릇에 비빈다. 순간 하얀 거품이 올라오면서 수세미를 잡고 있는 내 손이 미끄러진다. 그것을 물속으로 집어넣는다. 찰랑, 물소리와 함께 물방울이 튀어 오른다. 미지근하고 부드러운 물의 감각이 느껴진다. 그러다 문득 설거지를 할 때 서 있을 수 있게 두 발을 지지해 주는 바닥이 느껴진다. 단단하고 차갑다. 다시 물소리로 나의 감각이 옮겨 감을 느낀다. 수도꼭지에서 쏟아져 내리는 물줄기가 탕탕탕 그릇 위로 튀어 오른다. 나는 이 모든 현상을 있는 그대로 느끼고 받아들인다.

이렇듯 내가 사는 이 순간을 온전히 느끼고 받아들이는 것이 바로 마음챙김이다. 좀 더 쉽게 이해할 수 있도록 몇 가지 질문을 해 보겠다. 우선 지난 한 주를 어떻게 보냈는지 생각해 보자. 그리고 다음 행동을 한 적이 있는지 떠올려 보자.

- 운전하면서 핸드폰 조작하기.
- 설거지하면서 통화하기.
- TV 보면서 식사하기.
- 샤워하면서 그날의 일정 점검하기.
- 회의 중 노트에 낙서하며 다른 생각에 잠기기.
- 누군가와 대화하면서 머릿속으로 딴생각하기.
- 친구의 고민을 듣는 척하며 내 일정 생각하기.
- 운동을 하는 동시에 유튜브 영상 틀어 놓기.

- 산책하면서 풍경은 보지 않고 골치 아픈 일 고민하기.
- 명상 시간에 앉아 있으면서도 '이게 잘 되고 있는 건가?' 생각하기.

세상에나, 이번 한 주 동안 이 열 가지 행동을 모두 한 나로서는 그저 부끄러울 뿐이다. 그렇다면 당신은 어땠는가? 핑계를 대려는 것은 아니지만, 요즘같이 분주한 시대에 한 번에 한 가지 일에 주의를 기울이는 것은 얼마나 어려운가. 그러다 보니 우리는 본의 아니게 그 순간의 삶에서 벗어나 마음을 놓치고 만다. 그런 의미에서 마음챙김은 의도를 갖고 의식적으로 접근해야 하는 훈련이기도 하다.

마음챙김을 통해 깨어 있으면 판단을 중지하고 미래의 목표를 잠시 미루게 된다. 그리고 지금 이 순간을 있는 그대로 받아들인다. 내가 원하는 순간이 아니더라도 말이다.

명상을 하려고 자리에 앉거나 누우면 마음이 생명을 갖고 있음을 알게 된다. 생각과 숙고, 환상과 계획, 기대와 걱정, 좋음과 싫음, 기억과 망각, 평화와 대응, 스스로에게 들려주는 이야기 등 우리 마음의 활동은 끝이 없는 것처럼 보인다. 명상을 하기 전까지는 이런 끝없는 마음의 행위를 제대로 관찰하지 못할 수도 있다고 존 카밧진은 설명한다.

삶은 커다란 사건으로만 이뤄지지 않는다. 그렇기에 반복되고 사소한 일상의 한 장면 속에서 우리는 지금 이 순간에 깨어 있는 연습을 할 수 있다. 마음챙김은 결코 거창한 수행이 아니다. 밥을 짓고, 그릇을 씻고, 물소리를 듣는 그 순간순간에 내가 존재하고 있음을 기억하는 것. 어쩌면 그것이 삶을 살아 내는 가장 정직한 방식일지도 모른다.

📝 심리학 노트

세면대 앞에서 설거지를 하며 그릇 하나에 집중하는 단순한 행위를 통해서도 우리가 얼마나 자주 현재를 놓치고 있는지 알 수 있다. 그런 일상 속에서 '지금 여기'를 사는 훈련이 바로 '마음챙김에 기반한 스트레스 감소 프로그램', 즉 MBSR이다.

MBSR은 1979년, 존 카밧진 박사가 개발했으며, 명상과 요가, 바디스캔(body scan) 같은 형식적 수련뿐 아니라 설거지, 걷기, 차 마시기 같은 일상 속 활동에서도 마음챙김을 실천하도록 안내한다.

핵심은 단순하다. 지금 이 순간에, 의도적으로, 판단하지 않으며 주의를 기울이는 것.

MBSR은 스트레스를 대하는 우리의 태도 전체를 전환시킨다. 빨리 이 일을 끝내야 다른 일을 할 수 있다는 행위 중심의 삶에서 벗어나 지금 이 순간을 존재로서 살아가기를 제안한다.

많은 과학적 연구들은 MBSR이 가진 다음과 효과를 입증했다.

- 불안과 스트레스 감소.
- 만성 통증의 수용 능력 향상.

- 주의력과 감정 조절 능력의 증진.
- 자기 연민과 회복 탄력성의 강화.

하지만 무엇보다 중요한 점은 누구나 지금 있는 자리에서 이 프로그램을 시작할 수 있다는 것이다. 부엌에서, 식탁에서, 산책길에서, 혹은 잠들기 전 침대 위에서, 그 어느곳에서도, 언제라도 가능하다.
MBSR은 당신에게 이렇게 묻는다.

"당신은 지금, 어디에 있습니까?"
"무엇을 보고, 듣고, 느끼고 있습니까?"

스스로를 이 질문 앞으로 데려오는 것이 곧 마음챙김이며, 삶을 다시 살아 내는 시작이다.

4-3
숨 막히는 벅찬 순간이 얼마나 많았는가?

아무것도 안 보이겠지만 일단 편히 앉아.

살아 있는 것들은 모두 암흑을 삼키고 태어나니까 어둠이 마냥 낯설지만은 않을 거야.

깜깜하다고 겁먹을 거 없어.

사람들은 힘들 때도 누군가 보고 싶을 때도 곰곰 생각할 때도 눈을 감는단다.

진짜 맛있는 요리를 입에 넣고도 눈을 감지.

-《암흑식당》, 박성우

프랑스 파리를 비롯해 전 세계 여러 도시에서 '암흑 식당'이 성업 중이라고 한다. 이 식당들은 말 그대로 완전한 어둠 속에 자리 잡고 있다. 손님들은 시각에 의존하지 않고 다른 감각을 사용해 음식을 경험해야 한다. 평소에는 당연하게 여겼던 음식의 모양과 색 등 시각적 요소가 완전히 사라진 자리에 처음 만나는 낯선 경험이 들어선다.

손님들은 늘 먹던 익숙한 음식조차도 조심스럽게 음미한다. 입안에서 느껴지는 질감과 온도, 향기와 맛이 훨씬 더 또렷하게 다가온다. 평소에는 잘 알아채지 못했던 바삭거림, 부드러움, 짭조름함, 향긋한 냄새에 오롯이 집중할 수 있어 먹음으로써 마음챙김을 하는 완벽한 상태가 된다. 어둠 속에서 감각들은 서로 돕고 보완함으로써 마치 봄날에 벚꽃이 화사하게 피어나듯 청각, 후각, 촉각, 미각이 생생하게 깨어난다.

이처럼 어둠 속에서 우리는 평소에는 느끼지 못했던 감각에 온전히 집중하며 존재의 생생함을 체험하게 된다. 이는 곧 에리히 프롬이 《소유냐 존재냐》에서 말한 바와 닿아 있다.

> 당신의 존재가 희미하면 희미할수록 그리고 당신이 당신의 생명을 적게 표현하면 표현할수록, 당신은 그만큼 더 소유하게 되고 당신의 생명은 그만큼 더 소외된다.

우리가 일상에서 시각에만 지나치게 의존하고 습관적으로 소유에 집착하는 동안 정작 자신의 존재와 생생한 순간들은 놓쳤는지도 모른다. 그런데 암흑 식당의 어둠 속에서 우리는 오로지 존재를 느끼고, 소유와 분리된 진정한 '먹기 마음챙김'을 경험하게 되는 것이다.

만약 당신이 담배를 끊고 싶다면 마음챙김을 하며 담배를 피우는 게 좋은 방법일 수 있다. 우스갯소리 같을 수도 있지만 전혀 우습지 않다. 담배를 한 모금 빨아들일 때 그 순간에 집중해 보는 것이다. 그럼 아마 전에는 알지 못했던 역겹고 불쾌한 냄새에 화들짝 놀랄지도 모른다. 그 독성이 매우 강해서 옛날에는 재래식 화장실의 구더기를 죽이는 데 사용하기도 했다는 담배 연기 속 타르라는 물질이 당신의 폐로 남김없이 훅 빨려 들어가는 구체적이고도 치명적인 과정에 그동안은 전혀 인지하지 못했던 죄책감이 올라올지도 모르겠다.

만약 흡연을 하지 않아 선뜻 이해가 안 된다면 소주에 빨대를 꽂아 아주 천천히 한 방울씩 마셔 보는 것은 어떤가? 물론 술, 담배를 당장 끊으라는 말은 아니다. 다만 마음챙김의 중요성과 필요성을 이해하려면 우리가 얼마나 습관적으로 행동하며 마음을 놓치고 있는지를 상기해 봐야 한다는 것이다.

건포도를 이용해 먹기 마음챙김을 할 수도 있다. 판단하지 않는 마음으로 현재 상황에 의도적으로 주의를 기울이는 경험이 얼마나 생생할 수 있는지 직접 경험해 보기 바란다.

우선 건포도 한 알을 손바닥 위에 놓거나 엄지와 검지로 살짝 쥐어 본다. 마치 전에는 한 번도 건포도를 본 적이 없는 것처럼 호기심을 가지고 지금 이 순간의 경험에 집중한다. 지금 만나는 건포도 한 알을 전에 내가 봤던 건포도들과 완전히 다른 대상으로 받아들인다.

천천히 주의를 기울여 건포도를 살펴본다. 구석구석을 훑어본다. 빛에 비춰 밝은 부분과 골이 져 어두운 부분을 관찰한다. 움푹 들어간 곳, 튀어나온 곳, 특별한 모양을 이루고 있는 부분도 자세하게 살펴본다.

이번에는 손에 쥔 건포도를 이리저리 굴려 본다. 진득한 느낌이 나는지, 부드럽고 말랑한 느낌이 전해지는지 질감을 느껴 본다. 이제 건포도를 코 밑으로 가져와 숨을 들이쉬어 향기를 맡아 본다. 이때 입과 위 등 다양한 신체 기관에서 무슨 일이 일어나는지 느껴 본다.

이제 눈을 감는다. 더 생생하게 느끼기 위해서다. 당신은 입술 안으로 건포도를 집어넣는다. 이로 씹지 않은 채 입안에서 건포도가 머물고 있는 감각을 혀로 느껴 본다. 드디어 건포도를 씹을 준비를 한다. 매우 의식적으로 한두 번 씹어 본다. 삼키지 않는다. 건포도를 씹을 때 입안에서 어떤 맛과 질감이 느껴지는지 있는 그대로 관찰한다. 그리고 그 느낌이 순간순간 변하지는 않는지도 살펴본다.

건포도를 삼키려는 의도가 마음속에 생긴 것을 알아차렸다면 삼킬 준비를 한다. 건포도는 이제 목구멍으로 넘어가고 있다. 식도를 타고 위장으로 내려가고 있다. 어떤 느낌인지 있는 그대로 관찰한다. 이렇게 깨어 있는 마음으로 건포도 한 알을 먹은 후 몸에 변화가 있는지도 느껴 본다.

나는 오래전 건포도 명상을 처음 했을 때의 느낌을 여전히 기억한다. 일단 전에는 그런 식으로 무언가를 먹어 본 적이 단 한 번도 없다는 것을 깨달았다. 물론 건포도가 어떻게 생겼는지 관찰해 본 적도 없었다. 그런데 가만히 오래 살펴보니 마치 값비싼 보석 같다는 생각이 들었다. 구석구석 오묘하고 아름답게 반짝이는 부분들이 눈에 들어온 것이다. 입술 안으로 밀어 넣자 씹고 싶다는 충동이 일어났다. 충동을 참으며 혀로 오물대자 침샘에서 적지 않은 양의 침이 나왔다. 마지막으로 윗니와 아랫니 사이에 두고 말캉한 그것을 씹자 적어도 수십 가지의 다른 맛들이 밤하늘 아래 불꽃처럼 일제히 터져 버렸다. 강렬하고 생경한 경험이었다.

마음챙김의 여정에서 도달하는 곳

박성우 작가의 창작 그림책 《암흑식당》은 어둠이 우리에게 결코 낯설지 않음을 일깨운다. 세상에 태어나기 전 우리는 모두 어머니의 자궁이라는 깊고 조용한 암흑 속에서 무려 10개월 가까운 시간을 지낸다. 작가는 살아 있는 모든 것이 이처럼 어둠을 지나 빛으로 나왔기에 우리는 삶의 어떤 고난도 결국 잘 이겨 낼 수 있다고 따뜻하게 말한다. 어둠은 끝이 아니라 시작이고, 두려움이 아니라 생명의 근원임을 작가는 단단한 문장으로 전하고 있다.

나는 여기에 이렇게 덧붙이고 싶다. 그렇게 생명을 품은 어둠에서 우리가 나왔듯, 마음챙김의 여정 끝에 마침내 도달하는 곳도 낯설지 않다. 그곳은 고요한 생생함으로 가득하다.

흑인 여성으로는 처음으로 미국 25센트 주화에 얼굴이 새겨진 존경받는 시인이자 인권 운동가인 마이아 앤절로는 이렇게 말했다.

인생은 우리가 숨을 쉰 횟수가 아니라 숨이 멎을 만큼 벅찬 순간이 얼마나 많았는가로 평가할 수 있다.

삶은 단순히 숨을 이어 온 시간의 총합이 아니다. 우리는 이렇게 질문해야 한다.

'나는 얼마나 자주 삶을 온몸으로 들이마시며 깨어 있는가?'
'그리고 얼마나 자주, 존재의 질감을 입안의 건포도 한 알처럼 천천히 음미하며 살았는가?'

📝 심리학 노트

우리는 일상에서 많은 행동을 무의식적으로 한다. 이를 심리학에서는 '자동 조종 상태'라고 한다. 깊이 생각하지 않고 습관적으로 행동하는 상태로, 이때 우리는 과거 경험이나 익숙한 방식에 따라 움직인다. 이 상태에서는 현재의 느낌이나 생각에 집중하지 못하고, 자신의 행동을 잘 인지하지 못한다.

자동 조종 상태는 때로 스트레스와 불안 같은 부정적인 감정을 키운다. 자신이 왜 그렇게 행동하는지, 무엇을 느끼는지 알아차리지 못하기 때문이다.

이때 마음챙김이 도움을 준다. 마음챙김을 통해 자동 조종 상태에서 벗어나 현재 경험을 명확히 인식할 수 있다.

4-4
마음이 호흡에서 벗어날 때 해야 할 일

이따금 소란스러운 방문객들이 휩쓸고 지나가면서
수도원의 고요가 흩어지고는 했다.
이것이 제자들의 마음을 어지럽혔다.
스승은 아무렇지도 않았으니 그는 마치 고요 속에 있을 때처럼
소음 속에서도 만족한 듯했다.
항의하는 제자들에게 스승은 말했다.
"고요란 소리의 없음이 아니라 자기의 없음이다."

-앤서니 드 멜로

단순히 '더 많이' 주의를 기울인다고 마음챙김인 것은 아니다. 지금까지와는 '다른 방식'으로, 가볍고도 부드럽게 주의를

기울여야 한다.

 예를 들어 보자. 자꾸 우울한 기분이 드는데 어떤 생각이 당신에게 속삭인다.

'나에게 무슨 문제가 있는 걸까?'

당신은 그 문제를 해결하려 애쓰게 된다.

'왜 늘 이 모양일까?'
'내가 뭘 잘못하고 있는 걸까?'

 결국 당신은 자신의 삶의 방식에 문제가 있다고 판단하고 고치려 들 것이다. 이것이 바로 마음의 '행위 모드(doing mode)'다. 스스로를 분석하고, 판단하고, 해결하려는 방식. 문제를 정의하고, 비교하고, 이상과 현실 사이의 간격을 줄이고자 분투하는 우리에게 매우 익숙한 접근법이다.
 물론 행위 모드는 일상적인 업무 같은 기술적 문제를 해결할 때에는 매우 효과적이다. 원하는 바가 있으면 현재 상황과 원하는 상황의 간격을 줄이려고 노력하지 않는가? 만약 지금 살고 있는 집보다 더 넓은 평수의 집을 원한다면 저축을 하든 대출을 받든 해서 원하는 평수의 집으로 옮기려 할 것이다. 즉 행위 모드는 목적을 달성하고 문제를 해결하는 보편적인 방식이다. 이 방식은 외부 세계를 변화시키는 데는 효과적이다.

하지만 감정이나 생각, 기분처럼 우리 안에서 일어나는 경험에도 이런 방식이 통할까? 감정은 물건이 아니다. 기억은 수정할 수 있는 문서가 아니다. 슬픔은 분석해도 줄어들지 않고, 불안은 싸운다고 사라지지 않는다. 행위 모드는 외부 세상을 변화시킬 때는 효율적이지만 마음속의 일을 처리할 때는 제대로 기능하지 못한다. 오히려 불만족의 악순환이 계속될 뿐이다. 이로 인해 우리는 자신과 끝없이 싸우게 된다.

삶을 그대로 살아 내는 존재의 자세

삶에는 다른 방식이 필요하다. 고치고 바꾸는 대신 있는 그대로 사는 방식이 바로 '존재 모드(being mode)'다.

존재 모드는 지금 이 순간을 목적지로 삼는다. 길 끝에 무언가를 두지 않고 길 위에서 그대로 멈춘다. 더 나은 어딘가에 있으려는 것이 아니라 지금 여기에 깃들어 있음을 받아들이는 태도다. 존재 모드는 우리를 치유하려 들지 않고 우리의 존재 전체를 환대한다.

어느 날, 붓다가 제자에게 물었다.

그대는 명상을 통해 무엇을 얻었는가?

제자는 잠시 생각한 뒤 대답했다.

얻은 것은 없습니다. 하지만 많은 것을 잃었습니다. 성냄과 초조함, 불안, 좌절과 두려움, 그리고 나이 듦과 죽음을 잃었습니다.

명상은 무언가를 성취하는 수단이 아니라 오히려 불필요한 짐을 하나씩 내려놓는 과정이다. 무엇을 얻을 때가 아니라 오히려 놓아 버릴 때 우리는 자유로워진다. 그리고 그 방법은 바로 '지금 여기'에 머무는 것이다.

그럼 어떻게 끊임없이 흔들리는 마음을 지금 이 자리로 데려올 수 있을까? 그 해답 중 하나는 호흡이다. 호흡은 언제나 이 순간에 있기 때문이다. 당신이 과거에 머물고 있어도 호흡은 지금 여기에서 들고 난다. 그리고 당신이 미래를 상상하고 있더라도 호흡은 역시 지금 이 순간에 있다.

MBSR의 창시자 존 카밧진은 호흡 명상을 꾸준히 해 나가다 보면 당신이 행하는 호흡이 오래되고 익숙한 친구이자 아픈 상처를 치유해 주는 강력한 삶의 동반자임을 알게 되는 날이 곧 올 것이라고 말했다.

다음은 존 카밧진이 안내하는 호흡 명상 방법이다. 잠시 시간을 내 자신만의 고요한 공간으로 들어가 보기를 바란다.

호흡 명상

편히 눕거나 앉아서 편안한 자세를 취한다. 앉아 있다면 최대한 위엄 있는 자세로 척추를 똑바로 펴고 어깨를 내린다.
감는 게 편하다면 눈을 감는다.
숲속 공터의 나무 그루터기 위에서 햇볕을 쬐는 수줍은 동물을 만나듯 주의를 부드럽게 복부로 보낸다. 복부가 들숨에 팽창했다 날숨에 수축하는 것을 느껴 보라.
호흡과 연관된 여러 감각에 최대한 주의를 기울이면서 마치 호흡의 파도를 타듯이 들숨 전체, 날숨 전체와 함께한다.
마음이 호흡에서 벗어났음을 알아차릴 때마다 무엇에 주의를 빼앗겼는지 확인한 뒤 부드럽게 복부로 주의를 되돌리고 들랑날랑하는 호흡과 연관된 감각에 주의를 둔다.
만약 마음이 수천 번 호흡에서 벗어난다면 당신이 할 일은 호흡에 주의가 있지 않다고 깨닫는 순간 마음에 무엇이 있는지 그저 알아차리는 것이다. 그런 다음 무엇에 정신이 팔렸는지에 상관없이 매번 호흡으로 주의를 되돌린다. 몸에서 들어왔다 나갔다 하는 호흡의 느낌에 계속해서 의식을 둔다. 잘 안 되더라도 반복해서 다시 돌아오면 된다.
매일 편한 시간에 15분가량 내키건 내키지 않건 일주일 정도

이 연습을 하라. 그리고 잘 훈련된 명상법을 삶으로 통합한다는 게 어떤 느낌인지 알아 보라. 뭔가를 하지 않으면서 호흡과 함께하며 시간을 보내는 것이 어떤 느낌인지 매일 알아차려 보라.

일상 속 마음챙김 호흡

하루 중 순간순간 복부가 오르락내리락하는 것을 느끼면서 호흡에 주의를 둔다.

당신의 생각과 감정을 알아차린다. 생각과 감정을, 혹은 자신을 판단하지 말고 단지 친절한 태도로 관찰한다.

동시에 당신이 사물을 보는 방식과 당신 자신을 느끼는 방식에 어떤 변화가 있는지 알아차린다.

일어나는 감정이나 생각을 알아차린다는 것이 실제로는 감정의 느낌이나 생각의 내용에 붙잡혀 있는 것은 아닌지 스스로 질문하고 깊이 들여다본다.

호흡 명상을 직접 해 보면 알 수 있다. 마음이 호흡에서 얼마나 자주 벗어나는지를 말이다. 당신의 마음은 수천 번도 넘게 널을 뛸 것이다. 오죽하면 마음을 미친 원숭이와 비교하겠는가? 여하튼 그렇더라도 명상을 잘못하고 있는 것이 아님을 꼭 기억하기를 바란다. 오히려 의식이 호흡을 벗어났음을 알아차렸으니 축하받을 일이다. 우리는 그저 알아차리기만 하면 된다. 그런 뒤 위엄 있으면서도 단호하게, 그리고 무엇보다 부드럽게 다시 당신의 호흡으로 돌아오면 된다.

호흡 마음챙김 훈련은 단순하다. 그러나 이 단순하고도 아름다운 호흡이 당신에게 익숙한 친구이자 아픈 상처를 치유해 주는 강력한 삶의 동반자가 될 뿐만 아니라 결국에는 당신을 자유롭게 할 것이다.

심리학 노트

존재 모드는 지금 이 순간 있는 그대로의 경험 속에 머무는 마음 상태이다. 무언가를 '해결'하려 들지 않고, '어떤 상태'가 되려 하지도 않은 채, 지금 여기에서 나를 만나고 삶을 느끼는 태도다. 행위 모드가 문제를 분석하고 목표를 향해 나아가는 자동 반응이라면, 존재 모드는 '이미 충분한 지금'에 스스로를 들여놓고 머무는 것이다.

다음은 존재 모드의 순간들이다.

- 아침 창가에 앉아 햇빛이 얼굴에 닿는 느낌을 고요히 느낄 때.
- 따뜻한 찻잔을 두 손에 감싸며, 손끝에 전해지는 온기를 의식할 때.
- 아이의 웃음을 바라보며 그것을 해석하거나 기록하려 하지 않고 순간 자체를 음미할 때.
- 불안할 때 그것을 없애려 하지 않고 '지금 불안하구나'라고 조

용히 알아차릴 때.

- 숨을 깊이 들이마시고 내쉬며 삶이 지금 이 호흡 안에 있다는 사실을 느낄 때.

4-5
그대는 깨어나고 있다, 무엇이 두려운가?

그대는 깨어나고 있다.

진정 그대가 해야 할 일은

지금 이 순간을 있는 그대로 받아들이는 것이다.

그대가 진정한 자신을 발견할 수 있는

'지금'과 '여기'는 물질적인 몸과 변덕스러운 감정과

수다스러운 마음 너머에 있다.

거기에 지금의 자유, 지금의 평화가 있다.

-에크하르트 톨레

나는 대학을 졸업한 뒤 오랜 시간 동안 여러 기업체와 대학, 사설 학원 등에서 토익과 영어 회화를 가르치는 강사로 지냈다.

그 시절에 나는 세상의 모든 것이 나를 중심으로 돌아가는 듯한 착각에 빠져 있었다. 새파란 젊음이라는 무기까지 장착하고 있으니 착각이 현실처럼 느껴지기도 했다.

나는 뮤지컬 배우처럼 뜨겁고도 달콤한 에너지를 뿜어내며 강의실을 활보했다. 통통 튀는 발랄함과 자신감, 생생하게 느껴지는 열정, 과하지 않은 위트를 장착한 나의 강의는 점차 입소문을 타기 시작했고, 수강생들도 눈에 띄게 늘어났다.

그 무렵, 나는 강의실이라는 무대 위에서 깔끔하고 명확하게 설명하고 정보를 전달하고자 매 순간 애를 썼다. 돌이켜 보면 그때의 나는 너무 많은 에너지를 쏟아붓기도 했다. 강의를 마치고 나면 온몸의 기운이 놀랄 만큼 순식간에 쑥 빠져나간 적도 여러 번이었다.

그럼에도 나는 그 직업의 묘한 매력에 빠져 있었다. 많은 사람들 앞에서 무언가를 전달하는 것은 단순한 직업상의 일이 아니었다. 누군가에게 배움을 제공하는 행위는 꽤 자극적인 쾌감을 동반했다.

그러나 그 무대 위에서 과도하게 스스로를 의식하며, 마치 삐에로처럼 누군가의 시선을 갈구하고 인정받기를 원하며 동동거리던 기억도 있다. 박수를 받으며 웃고 있었지만 어쩌면 나는 그 무대에서 가장 외로운 배우였는지도 모른다.

그래서일까, 이제는 강의실에 서지도 않고 내 앞에 수많은 청중들도 사라졌건만, 내 마음은 여전히 무언가를 설명하느라 분주하다. 아무도 듣지 않는데도 익숙한 말투로 마음속에서 또박또박 설명을 이어 간다. 무대는 사라졌지만 마음은 아직 그 위에 홀로 남아 있는 듯하다.

사회적 인정 욕구에서 벗어나기

명상을 처음 시작하고 얼마 지나지 않았을 무렵, 집중 명상에 참여했다. 그때의 나는 아주 단단했다. 두 다리를 꼭 틀어 앉고 마치 긴 쇠꼬챙이에 고정이라도 한 듯 몸을 바짝 세웠다. 힘을 풀고 마음을 내려놓으려고 했지만, 아이러니하게도 '힘을 빼려고 애쓰는' 내 모습은 어딘가 모르게 어색했다.

참 역설적인 장면이다. 내려놓으려고 애쓰고, 편안해지려고 조이고, 아무것도 하지 않으려고 무언가를 잔뜩 하고. 그러나 그 시절의 나는 누구보다 열정적이었다. 어떻게든 명상을 '제대로' 해 보겠다는 마음이 나를 또 하나의 무대로 이끌고 있었다. 청중도 없고 조명도 없는 아주 조용한 무대로.

나는 지그시 눈을 감고 호흡을 관찰하기 시작했다. 그런데 시간이 흐르면서 나는 인식조차 하지 못한 채 자연스럽게 혼잣말을 하고 있었다.

내 머릿속에서 흘러나오는 목소리는 지금 내 상태가 어떻다느니, 집중이 잘되는 것 같지 않다느니, 시시콜콜하고 지루한 설명을 줄줄 이어 가고 있었다. 마치 혼자만의 라디오 방송을 진행하듯, 아니면 누군가의 질문에 답하듯, 설명은 끊임없이 계속됐다. 좌선이 끝난 후에 스승님과의 인터뷰 시간이 예정돼 있었는데, 내 마음은 그 인터뷰를 예행연습이라도 하듯 무엇을 어떻게 말해야 할지 혼자 분주하게 리허설을 하고 있는 것이었다.

참 이상했다. 아무도 묻지 않았는데 나는 여전히 누군가에게 나를 설명하고 있었다. 아무도 듣지 않는데 내 마음은 여전히 무대 위에 서 있는 것 같았다. 나는 나 자신을 혼자 고요하게 대면하지 못하고 있다는 지극한 사실 앞에서 웃음을 터뜨렸다. 오랫동안 슬펐다.

그날의 집중 명상 이후, 나는 이런 마음의 움직임을 더 자주 알아차리게 됐다. 나의 기분, 나의 상태, 나의 욕망, 그리고 나의 진심이라는 것들을 끝없이 설명하고 정리하느라 머릿속 세계에 깊이 잠겨 있는 나 자신을 자주 목격했다.

우리는 삶에 만연한 문제들을 해결하고자 끊임없이 분투한다. 머릿속의 강연자를 불러내 상황을 정리하고 설명하고 분석해 보기도 한다. 아마도 삶의 불확실성을 견디기 어려워서일 것이다. 확실한 근거와 대책을 확보하려는 오랜 습관과 불안이 우리에게는 있다.

하지만 그렇게까지 애써 찾은 단단함은 정말 우리 삶에 도움이 될까? 그 모든 설명들이 과연 우리를 자유롭게 만들까?

나는 이제 다만, 온전하게 쉬지 못하는 우리의 삶을 위로하고 싶다. 최선을 다해 긴장을 풀어야만 하는 우리의 역설적인 애처로움을 이해하고 싶다. 청중 없는 빈 강의실에서조차 나의 존재를 증명하고 이해시켜야만 하는 우리의 고단함을, 그 노력을 알아차려 주고 싶다.

이 세상에 우리가 매달리면서까지 이해시켜야만 하는 것은 없다. 그리고 이 사실을 받아들여야만 우리는 설명하지 않는, 꾸미지 않는 존재의 상태를 발견할 수 있다. 이것은 이래야 하고, 저것은 저래야 한다는 오래된 생각들을 붙들고 있어서는 그 신선하고도 단순한 경지에 이를 수 없다.

다만 외로움처럼 친숙한 감정과 함께 조용히 쉬는 시간, 나는 그때 우리가 해결하지 못한 순간들이 품고 있는 깊고도 아름다운 의미를 마주하게 되리라 믿는다. 기꺼이 고요하게 앉는 것이다. 그냥 거기, 그렇게 조용히 혼자 있는 것이다.

영어 강사로 일하던 어느 날, 나는 수업을 마치고 지하철을 타려고 기다리고 있었다. 나름 인기 강사였기에 외모에도 신경을 써야 했던 시절이었다. 몸에 은근히 달라붙는 정장 원피스에 8센티미터 하이힐을 신고는 대여섯 시간 동안 서서 강의를 마친 참이었다. 다리 뒤쪽은 돌처럼 뭉쳐 있었고, 피가 쏠려 아픈 발이 사정없이 고통스러웠다.

드디어 지하철이 플랫폼으로 들어오기 시작했다. 나는 서둘러 뛰어 들어가 자리를 차지하고 싶은 마음뿐이었다. 그때 문득 지하철 창문에 내 모습이 비쳤다. 묘하면서도 허탈한 공허함이 고스란히 얼굴에 드러나 있었다. 패기 있고 자신만만했던 젊은 날이었지만, 그때의 나는 내면을 돌보지 않은 채 겉만 팽창시키려 했음을 지금은 알고 있다.

무대에서 내려오면 삐에로는 옷을 벗어야 한다. 화려했던 가면과 옷을 내려놓으면 더 이상 누군가의 시선을 의식하지 않아도 된다. 지금 이 순간, 나는 눈앞에 있는 사람이 누구인지, 내가 보고 듣고 있는 것이 무엇인지 차분히 살펴본다. 무대 위의 공연은 끝났다. 그리고 이 순간은 있는 그대로의 나로 존재하는 시간이다.

무대가 끝난 후 찾아오는 고요함은 어쩐지 익숙하면서도 낯설다. 주목받지 않아도, 인정받지 않아도 나는 나로서 있는 그대로 존재한다. 그 사실이 달라지지 않는다는 걸 이해한다.

지금 나는 있는 그대로 환하다.

이 순간, 나와 당신은 깨어나고 있다. 무엇이 두려운가?

📝 심리학 노트

인간은 사회적 존재로서 타인의 시선과 평가를 통해 자신을 정체화하려는 경향을 지닌다. 이런 경향을 '사회적 인정 욕구'라고 하며, 자기 개념 형성에 큰 영향을 미친다.

심리학자 칼 로저스는 인간이 성장 과정에서 조건부 긍정적 존중을 경험할 경우, 타인의 기대에 부응하는 방식으로 자신을 규정하게 되는데, 이를 '조건화된 자기'라고 한다고 설명했다. 이와 같은 자기 인식은 외부 평가에 따라 자기 존재를 끊임없이 입증해야 한다는 강박으로 이어질 수 있다.

이런 심리는 시간이 지날수록 고착되어 혼자 있을 때조차 타인의 시선을 내면화하거나 스스로를 타자화하여 검열하고 정당화하려는 습관으로 나타난다. 이는 지속적인 심리적 긴장과 자기 불안을 유발한다.

사회적 인정 욕구의 이면에는 '나는 있는 그대로 충분하지 않다'는 결핍감이 자리하며, 이는 희망과 두려움 사이를 오가는 내적 불안을 강화하는 심리적 동력이 된다.

인정 욕구는 인간의 자연스러운 특성이지만, 그 강도가 지나치면 내면의 평정을 해친다. 진정한 심리적 안정은 외부의 평가가 아닌, 자기 자신을 조건 없이 수용하는 데서 비롯된다. 이것이 건강한 자기 개념 형성의 핵심 기반이다.

5장

진짜 나를 찾아가는 과정

맥락으로서의 자기

5-1
나는 내 삶이 펼쳐지는 맥락

인간은 자유롭게 태어났으며, 어디에서나 사슬에 묶여 있다.

-장 자크 루소

"실존이 본질보다 우선한다"라는 말은 실존주의 철학에서 자주 쓰인다. 이 문장을 제대로 이해하려면 먼저 '실존'과 '본질'이라는 개념을 살펴봐야 한다.

먼저, 본질이란 '무엇으로서의 무엇'을 의미한다. 예컨대 딸로서의 나, 학생으로서의 나, 엄마로서의 나, 시민으로서의 나, 대한민국 국민으로서의 나처럼 어떤 존재가 특정한 역할이나 기능을 수행해야 한다는 사회적 기대나 규범을 뜻한다. 갖춰야 할 성질이나 목적이다.

이런 사고방식은 동양의 전통 사상, 특히 유교에서 뚜렷하게 드러난다. '군군신신 부부자자(君君臣臣 父父子子)'라는 말은 왕은 왕답게, 신하는 신하답게, 아버지는 아버지답게, 아들은 아들답게 살아야 나라가 평안해진다는 의미를 담고 있다. 여기서 '~답게'라는 말은 그 존재가 수행해야 할 역할과 그에 부여된 목적, 즉 본질을 가리킨다. 유교적 질서에서는 인간이 태어나면서부터 일정한 역할을 부여받는다고 여겼고, 그에 걸맞은 방식으로 살아가야 바람직했던 것이다.

하지만 실존주의는 전혀 다른 관점을 제시한다. 실존은 '무엇으로서의 무엇'이 아니라 '그 자체로서의 무엇'이다. 다시 말해 딸로서의 나, 엄마로서의 나, 시민으로서의 나 같은 사회적 정체성 이전에 존재하는 나, 어떤 이름이나 역할로 환원할 수 없는 '나 그 자체'를 가리킨다.

실존주의는 인간을 두고 외부로부터 부여된 목적에 따라 정의되는 존재가 아니라고 여긴다. 나의 성격, 나의 의지, 나의 욕망, 나의 감정처럼 내면 깊숙이 자리한 요소들이 바로 실존의 일부이며, 이것들이 역할이나 책임보다 더 근원적이라는 생각이다.

그래서 실존주의 철학에서는 이렇게 말한다.

우리는 딸로 태어나는 것이 아니라 딸이 되기로 선택하는 것이다.

우리는 엄마로 태어나는 것이 아니라 엄마로 살아가기로 결단하는 것이다.

우리는 본질을 따라 존재하는 것이 아니라 존재함으로써 본질을 만들어 간다.

내가 느끼는 감정, 나의 갈망, 나의 혼란, 나의 고요함…. 그 모든 이름 붙일 수 없는 순간들 안에서 살아 움직이는 '그 자체로서의 나', 그것이 실존이다.

인간은 왕이 되려고, 신하가 되려고, 아버지가 되려고, 혹은 아들이 되려고 세상에 태어난 것이 아니다. 인간은 정해진 목적 없이, 설명 불가능한 이유로 어느 날 이 세계에 '던져진' 존재다. 그렇기에 인간은 특정한 본질을 타고난 것이 아니라 살아가며 선택을 통해 자신의 본질을 만들어 간다. 무엇이 될지는 각자의 선택에 달려 있고, 매 순간의 선택은 누구도 대신할 수 없는 자기 몫이다. 그리고 그에 따른 결과 또한 스스로 책임져야 한다.

실존주의와 수용전념치료는 인간이 삶에서 경험하는 불안과 고통을 어떻게 받아들이고 의미 있는 삶을 살아갈 것인지에 관심을 갖고 있다. 실존주의는 철학적 기반을, 수용전념치료는 심리 치료적 접근을 중심으로 하지만, 두 이론 모두 인간이 자신의 경험과 감정을 있는 그대로 받아들이고, 자유롭게 삶을 선택해야 한다고 주장한다는 점에서 깊이 연결되어 있다.

나는 누구인가?

5장에서는 '맥락으로서의 자기(self-as-context)'를 다룬다. 이는 실존주의의 '변하지 않는 고정된 자아는 없다'는 생각과 밀접한 관련이 있다. 우리는 한 가지 정체성이나 감정에 갇혀 있는 존재가 아니라 그런 생각이나 감정을 바라보고 느끼는 더 큰 공간, 즉 '자기 자신'이라는 자리에 있는 존재라는 것이다. 두 이론 모두 인간의 자아를 고정된 것이 아니라 늘 변하고 열려 있는 것으로 이해한다.

은행 지점장으로 오래 일하다 정년 퇴임 후 지금은 아파트 경비로 일하고 있다면 당신은 지점장일까, 경비 아저씨일까? 한때는 동네에서 알아주던 부잣집 막내딸이었지만 집안 사업이 부도나면서 학교도 제대로 마치지 못하고 빚더미에 앉아 있다면 진짜 내 정체성은 어디에 있을까? 학교 다닐 때 공부도 못하고 따돌림을 당하던 열등생이었지만 어렵게 취직해 사회생활을 시작했다면 지금 나는 과거의 내가 아닌 새로운 사람으로 당당하게 살아갈 수 있을까? 부족하고 미움받던 과거의 내가 앞으로는 다른 사람들에게 사랑받으며 살 수 있을까? 지금의 나는 분명 과거의 나에 의해 만들어졌기에 지나온 시간을 완전히 부정할 수는 없다. 하지만 그것에 얽매여 살아야 할 필요도 없다.

그런데 우리는 종종 자신이 어떤 사람인지 스스로 이야기를 만들어 내고, 그 이야기를 진실처럼 믿으며 살아간다. 즉 '나는 이런 사람이다'라는 식의 믿음을 형성하고, 그것에 따라 세상을 해석하고 행동하는 것이다. '나는 우울한 사람이다', '나는 똑똑하다', '나는 늘 희생자였다', '나는 고통을 겪는 존재다'처럼 우리는 자기 존재를 특정 문장으로 요약한다. 이처럼 고정된 언어로 자신을 설명하고 정의하려는 경향을 '개념화된 자기'라고 부른다.

이에 반해 '맥락으로서의 자기'는 생각이나 감정, 기억과 같은 사적 사건들이 일어나는 배경이자 그 모든 경험을 지켜보는 자리로서의 '나'다. 이 자리는 변하지 않으며, 판단하지 않고 '지금 여기'의 흐름을 조망한다. 과거에는 열등생이었어도 지금은 충분히 능력 발휘를 할 수 있고 사랑받을 수 있다고 가능성과 마음을 열어 두는 것이다. 이런 관점은 고정된 자아에 나를 가두지 않고 지금 이 순간의 새로운 가능성과 관계, 사랑을 향해 마음을 열 수 있도록 돕는다. 즉 '나는 ~이다'가 아니라 '나는 지금 여기서 이런 경험을 하고 있다'는 자각으로 살아가는 것이다.

'나는 이런 사람이다'라고 말하고 싶어질 때 잠시 멈춰서 '지금 이 경험을 하고 있는 나'로 돌아와 보자. 삶의 여러 국면에서 더 유연하고 따뜻하게 자신을 대할 수 있는 방법이다.

📝 심리학 노트

'나는 누구인가'에 대한 두 가지 시선이 있다.

개념화된 자기

'나는 실패자야', '나는 감정적으로 약해', '나는 늘 혼자야'…. 우리는 살아가며 자신에 대한 수많은 이야기를 만들어 낸다. 이런 이야기들은 우리를 보호하기도 하지만, 삶의 유연성을 제한하고 고정된 정체성 속에 나를 가두기도 한다. 이런 이야기와 너무 밀착하면 심리적 고통이 커질 수 있다.

맥락으로서의 자기

수용전념치료는 이런 관점에서 벗어나 생각이나 감정을 바라보는 '자리'로서의 나를 제안한다. 나는 생각이나 감정이 아니고 그것을 경험하는 존재라는 이 관점은 우리의 심리적 여백과 유연성을 회복시킨다. 우리의 정체성은 '붙잡아야 할 진실'이 아니라 변화하는 삶 속에서 '열려 있는 가능성'인 것이다.

5-2
당신의 생각보다 당신은 더 크다

모든 존재는 본래 불성을 지니고 있다. 그 불성은 한 번도 사라진 적이 없으며, 그 누구도 빼앗을 수 없다.

―붓다

유방암 수술과 방사선 치료를 마치고 난 후 나는 운영하고 있던 요가원과 심리 상담 센터를 팔아 버렸다. 치료의 부작용 때문에 몸이 말도 안 되게 피곤했다. 무엇을 더 해야 할지가 아니라 무엇을 하지 말아야 할지를 숙제처럼 정해야 하는 시기였다. 마음이 소란스럽다 못해 거울 깨지듯 바사삭 박살이 났기에 신경 써야 하는 일들은 가능한 한 빨리 덜어 내고 그만뒀다. 박사 과정 중에 있던 학교에도 휴학계를 냈다. 다시 떠올려 봐도 참으로 춥고, 어둡고, 아프고, 길었던 날들이다.

집에서 멀지 않은 곳에 호수가 있다. 그 호수 주변을 둘러 깔끔하게 조성된 길을 쉬지 않고 빠르게 걸으면 딱 한 시간이 걸렸다. 나는 매일 그곳을 걸었다.

어떤 날에는 끈질기고 집요한 생각들을 도저히 밀쳐 내지 못했다. 그런 날에는 마음이 온통 회색빛이었고, 뒤꿈치를 그림자 끌 듯 질질 끌고 다녔다.

또 어떤 날에는 이어폰을 귀에 꽂고는 무빙워크를 탄 듯 부드럽고 가볍게 걷기도 했다. 그런 날에는 내 인생이 그럭저럭 좋았던 것 같다는 생각이, 사실은 안온하고 무탈했다는 생각이 들었다. 햇빛이 반사돼 물결 위에서 넘실거리는 모습이 마치 다이아몬드 가루가 사방에 뿌려진 것 같았다.

나는 갑자기 멈춰 섰다. 마음속에서 어떤 생각이 솟구쳤다.

'같은 장소, 같은 시간인데, 왜 매번 다르게 보이는 거지?'

질문들이 쏟아졌다. 머릿속에서가 아니라 가슴 깊은 데서 내면의 질문들이 밖으로 막 튀어나왔다.

그래, 날씨도, 호수도, 풍경도 그대로였다. 달라진 건 내 마음이었다. 어떤 날에는 춥고, 서럽고, 외롭고, 너무 힘겨웠다. 어떤 날에는 행복하고, 평온하고, 꽤 만족스러웠다. 내 마음이 바뀔 때마다 세상이 달라 보였던 것이다.

　나는 다시 호수로 시선을 옮겼다. 그 호수가 당당하고 고요하게, 언제라도 그곳에 있다는 사실이 기적처럼 다가왔다. 울컥하는 느낌과 함께 가슴이 벅차 올랐다. 그 감정이 나라는 존재 그 자체가 아님을 그제야 알았다. 나는 그것들을 '느끼는' 존재였다. 그 각각의 감정들이 진정한 나의 본성을 대변하지는 않는다는 것을 나는 경험의 영역에서 분명하게 이해한 것이다.

나는 그 감정이 아니다

　우리는 종종 감정의 변화 속에서 자신의 모습을 잃고는 한다. 행복할 때는 세상이 그저 밝고 따뜻해 보이지만, 슬픔에 휩싸여 있을 때는 또 그렇게 어둡고 차갑게 느껴질 수가 없다. 하지만 그런 감정이 곧 '진정한 나'는 아니다. 마치 날씨가 하늘 자체를 정의하지 않는 것처럼 우리의 감정 역시 우리의 본질을 결정짓지는 않는다.

　우리는 감정 변화에 휘둘리지 않으면서도 그것을 자연스러운 현상으로 받아들일 수 있다. 구름이 끼었어도 하늘은 여전히 존재하듯, 순간의 감정과 생각이 우리를 정의하지 않는다는 점을 기억해야 한다. 당신이 지금 여기에 관찰자의 입장으로 존재하고 있음을 잊지 말고, 들고 나는 당신의 감정과 생각들을 있는 그대로 알아차려 보자. 그것들과 싸울 필요는 없다. 쫓아내려 애쓸 필요도 없다. 당신은 지켜보고 관찰할 수 있는 그것들보다 더 큰 존재임을 기억하면 된다.

📝 심리학 노트

내담자: 불안하지 않은 날이 거의 없어요. 늘 긴장하고, 무슨 일이든 잘못될 것 같고…. 이런 저에게 너무 지치기도 해요.

상담자: 그럴 때 마음속에서는 어떤 말이 떠오르나요?

내담자: 나는 왜 이러지? 또 이래. 난 원래 이런 사람인가 봐. 그냥 불안한 사람.

상담자: 그런 생각이 자주 떠오르나요?

내담자: 네, 아주 익숙해요. 거의 자동으로 떠올라요.

상담자: 그걸 바라보고 있는 '나'는 그 감정과는 좀 다르지 않을까요?

내담자: 그걸 바라보는 나요?

상담자: 네. 불안은 지금 당신 안에 있는 감정이고, 당신은 그 감정을 느끼는 존재예요. 마치 마음속에 날씨가 오가는 것처럼요. 불안은 구름이나 비 같고, 당신은 그걸 담고 있는 하늘 같은 존재일 수 있어요.

내담자: 그렇게 생각하면 조금 거리가 생기네요. 내가 불안 그 자체는 아니니까.

상담자: 맞아요. 우리는 감정을 느끼지만 그 감정이 아니에요.

감정은 잠시 머물렀다가 떠나는 손님이고, 당신은 그걸 알아차릴 수 있는 주인이에요.

5-3
난 매일 바뀌는데
넌 그대로라서 좋아

나는 나의 이름이 아니다.

나의 과거도 아니다.

나의 감정도 아니다.

나는 이 모든 것을 알아차리는 존재다.

-타라 브랙

독특한 비밀이라고 해야 할까? 열여덟 번째 생일 이후 우진은 매일 다른 성별, 나이, 국적의 외모를 갖고 깨어난다. 자고 일어나면 머리부터 발끝까지 외모가 바뀌는 이 독특한 비밀 때문에 우진은 남들과 깊은 관계를 맺지 않고 가구를 디자인하며 혼자 살아가고 있다. 그러던 어느 날, 우진은 가구 매장에서 일하는 이수를 보고 첫눈에 반한다. 우진은 여러 모습으로 이수를 찾아가고 두 사람은 사랑에 빠지지만, 이수는 우진의 비밀을 알게 된 후 혼란을 겪는다. 매일 다른 사람을 사랑해야 하는 어려움 속에서 두 사람의 갈등은 깊어지고, 이수는 우진을 사랑하는 일이 힘들다고 느낀다. 매일 다른 모습의 자신과 만나 데이트를 하지만 신경 안정제를 먹으면서 버티는 이수를 보고 우진은 결국 그녀와 헤어진다. 하지만….

영화 〈뷰티 인사이드〉 이야기다. 우진은 매일 다른 외모, 연령, 성별을 가지고 아침을 맞는다. 내면은 조금도 변하지 않은 채 말이다. 우진에게 이런 변화는 힘겨운 일이었다. 그는 오랜 시간 동안 이 특이한 현상을 자신의 존재에 대한 위협으로 인식할 수밖에 없었다. 우진은 예측할 수 없는 변화를 두고 불안과 두려움을 느낀다. 스스로가 누구인지조차 확신할 수 없다는 사실이 그를 고립시키고, 연인인 이수와의 관계를 어렵게 만든다.

그러나 시간이 지나면서 우진은 '나는 외형이 아니라 내면으로 존재하는 사람이다'라고 느끼게 된다. 즉 외적인 요소가 변해도 본질적인 자신의 존재는 유지된다는 사실을 이해하기 시작한 것이다. 그리고 그런 우진에게 이수는 말한다.

"당신이 어떤 모습이든, 난 당신을 알아볼 수 있어."

자신의 불안을 있는 그대로 받아들이고, 이 불안이라는 감정이 자신의 존재를 결정짓지 않는다는 것을 깨닫는 순간 우진은 이수와의 관계를 다시 회복한다.

"나는 달라지지만, 내가 사랑하는 사람은 늘 같아"라고 말하는 우진. 그는 여러 종류의 감정 변화에도 흔들림 없는 지속적인 본질을 갖게 된다. 불안, 두려움, 수치심, 자괴감 등의 감정에 빠져들기보다 그것들 모두를 그저 하나의 경험으로 인식하고 차분히 흘려보내는 것이다. 우진은 감정과 사고의 변화를 초월해 자신의 존재를 더 넓은 시각에서 바라보는 과정을 우리에게 보여 준다. 이처럼 우리는 인생의 얄궂은 변화에 어쩔 수 없이 영향을 받더라도 궁극적으로는 더 큰 맥락에서 일관성을 유지할 수 있는 존재다.

개념화된 나를 넘어 맥락으로서의 나로

우리는 때로 우리가 경험하는 상황에 매몰된다. 예를 들어 '나는 우울한 사람이야', '나는 심한 트라우마에 시달리고 있어', '나는 게임 중독자야', '나는 이 고통에서 빠져나오지 못 할 거야'라고 생각하는 것이다. 물론 이런 진술이 사실일 수도 있다.

하지만 이 제한적인 경험이 우리의 전체는 아니다.

우리 자신에 대한 이야기, 생각, 신념, 판단, 이미지, 이름 등에 갇힌 '개념화된 자기'를 풀어 헤치고, '맥락으로서의 자기'를 받아들여 보자.

호흡이 원활하게 이뤄질 수 있도록 척추를 바르게 세웁니다. 바른 자세로 앉아 있는 게 힘들다면 벽에 기대거나 등받이가 있는 의자에 앉으셔도 좋습니다. 눈은 부드럽게 감고, 어깨와 목의 긴장을 풀어 봅니다. 눈썹 사이와 두 뺨의 긴장도 풀고, 입가에 편안한 미소를 지어 봅니다.

특정한 방식으로 호흡할 필요는 없습니다. 그저 오늘 나에게 편안하게 느껴지는 방식대로 호흡해 봅니다. 나를 살아 있게 하는 호흡, 당연하다고 생각했기에 크게 의식하지 않고 있었던 그 호흡을 천천히 바라봅니다.

숨을 들이쉬고 내쉴 때 가슴과 복부가 오르내리는 것 같은 단순한 움직임에 순간순간 집중합니다. 생각, 감정 또는 기타 방해 요소 들이 저절로 왔다가 사라지도록 둡니다.

나의 복부와 흉곽 그리고 쇄골의 모양에 어떤 변화가 있는지, 어떻게 움직이는지도 꼼꼼하게 살펴봅니다.

나의 의식이 호흡에 완전히 집중해 주변의 어떤 것도 나를 방해하지 않는다고 상상해 봅니다.

이제 어린 시절의 기억을 하나 떠올려 보겠습니다. 꼭 힘들고 괴로웠던 기억이나 긍정적이고 따뜻했던 기억이 아니어도 상관없습니다. 중립적인 기억이어도 괜찮습니다.

지금의 내가 그때도 존재했다는 것을 느낄 수 있습니까? 당신은 당신의 삶 전체에 대한 관찰자로서 항상 그 자리에 있었다는 것을 느낄 수 있습니까? 혹은 지속적으로 당신의 인생을 관통해 온 당신의 일부가 있다는 것을 알아차릴 수 있습니까? 어린 시절, 청소년 시절, 성인이 된 이후에도 끈질기게 당신을 지탱하며 바탕이 되는 그런 존재를 발견할 수 있습니까?

당신의 삶의 모습과 조건 그리고 환경이 무수히 변화하는 동안, 그리고 당신이 수행하고 맡아 왔던 역할이 셀 수 없이 많이 바뀌는 동안, 그 모든 순간을 관찰하면서 조금도 줄어들지 않고 사라지지 않고 항상 존재해 온 무언가가 있습니다.

당신 생의 가장 첫 순간부터 지금 바로 이 순간까지 그 존재는 당신의 삶 전체를 꿰뚫어 관찰하고 있었습니다.

다시 천천히 미간과 얼굴에 긴장을 풀고 미소를 지으면서 호흡으로 돌아옵니다.

손끝과 발끝을 움직여 봅니다. 두 손을 가슴 앞에 모으고 따뜻해질 때까지 빠르게 비빕니다. 따뜻해진 손으로 머리, 어깨, 가슴, 다리까지 쓸어내리며 따뜻한 기운을 전해 봅니다.

다시 손을 모아 비빕니다. 이번에는 눈으로 가져가 부드럽고 푹신하게 마사지해 줍니다.

손바닥을 눈에서 떼고 천천히 눈을 뜹니다. 손바닥은 눈에서 멀어지고 당신의 시야도 점점 넓어집니다.

우리 모두는 끊임없이 변하는 삶 속에서 자신이 누구인지 묻고는 한다. 수많은 생각과 감정이 밀려와 혼란을 주지만, 그 모든 것의 중심에는 늘 고요한 자리가 있다. 수용전념치료에서 말하는 '맥락으로서의 자기'는 바로 그 고요한 자리와 같다. 변화하는 경험들을 한결같이 지켜보는 넓은 의식, 그곳에서 우리는 자신을 더 온전히 마주할 수 있다.

지금 이 순간, 당신 역시 우진처럼 당신 안의 수많은 모습 중 하나로 세상을 마주하고 있을지 모른다. 하지만 그 모든 변화를 넘어 당신 안에 늘 같은 빛이 있다는 것을 잊지 않기를 바란다. 그 빛은 당신을 지켜 주고, 흔들리는 마음을 부드럽게 감싸며, 자신의 길을 차분히 걸어가도록 도울 것이다.

📝 심리학 노트

- 내 삶을 관찰자 입장에서 바라보면 어떤 느낌이 드나요?
- 내 생각·감정과 관찰자는 어떻게 다른가요?
- 변하지 않는 '관찰자'로서 느끼는 안정감은 어떤가요?
- 생각과 감정을 바라보며 '관찰자'와 '반응하는 나'가 공존할 때, 그 둘의 차이는 무엇인가요?

5-4
우주적 시각으로 나를 바라보는 법

우리같이 자그마한 생명체는 오로지 사랑을 통해서만 우주의 광대함을 견딜 수 있다.

-칼 세이건

우주를 배경으로 한 미국 TV 드라마 〈스타 트렉〉에서 우주비행선 선장 제임스 커크를 연기한 배우 윌리엄 섀트너는 2021년 10월, 마침내 진짜 우주여행의 꿈을 이뤘다. 민간 우주 기업 블루 오리진의 우주선을 타고 지구 밖을 다녀온 것이다. 그는《대담하게 가라(Boldly Go)》라는 책에서 이렇게 고백한다.

장례식과도 같은 슬픈 경험이었다. 우주에는 신비도, 경외심도 없었다. 내가 본 것은 죽음뿐이었다. 차갑고 어둡고 공허한 세계. 하지만 지구를 향해 고개를 돌리는 순간, 생명을 봤다. 곡면을 따라 퍼지는 베이지색의 사막, 구름의 흰색, 하늘의 푸른빛. 나는 어머니 지구를 떠나가고 있었다.

그는 우주에서 '궁극적인 카타르시스'를 기대했지만, 오히려 '압도적이고 강한 슬픔'을 느꼈다. 그 슬픔은 우주의 냉혹한 침묵과 지구의 따뜻한 생명이 극명하게 대비되는 데서 비롯됐다. 그러나 이 여행을 통해 그는 지구와의 연결을 더 깊이 깨닫는다. 아름다움은 우주가 아니라 우리 모두가 함께 존재하는 곳에 있다는 사실을 말이다.

광대한 우주 속에서의 존재감과 소중함

이처럼 '조망 효과'는 우리로 하여금 삶의 맥락을 다시 바라보게 한다. 우리는 종종 스스로를 너무 협소하게 규정짓고 살아간다. '나는 실패한 사람이다', '나는 불안한 존재다' 같은 말로 감정, 생각과 자신을 동일시하며 움츠러든다. 그러나 우주에서 지구를 본다면 자신에 대한 그런 정의가 얼마나 좁고 제한적인지를 알게 될 것이다.

우주적 관점은 '맥락으로서의 자기'를 일깨운다. 태풍이 지나가고, 눈보라가 몰아치고, 지각 변동을 유발하는 지진이 나고, 대홍수가 나고, 폭풍이 휘몰아쳐도, 지구는 그 모든 것을 품고 그대로 존재한다. 그런데 우리도 이와 다르지 않다. 불안, 슬픔, 후회, 두려움, 자괴감, 자책감 같은 감정들이 서로 앞다투어 우리를 관통해 지나가더라도 그것이 '나'의 본질이 되지는 않는 것이다. 우리가 그것을 초월한 더 넓은 공간으로 실재할 수 있기 때문이다.

달큰한 봄 내음이 진동하는 어느 날 밤, 분리수거를 하러 나갔다가 하늘을 올려다본다. 다행히도 내가 사는 곳은 시골 숲속 초입이어서 별빛을 보는 것이 일상이다. 별빛은 이미 오래전의 것이고, 어떤 별은 우리가 그 빛을 보기도 전에 사라졌을 수 있다. 그런데 이 광대한 시공간의 장 속에서 내가 지금 걱정하는 일이 과연 몇 년 뒤에도 중요한 문제일까? 내 불안과 두려움이 과연 절대적인 것일까?

별을 보면 우리 존재의 크기와 방향을 되묻게 된다. 살아가는 일의 겸허함을 배우게 된다. 이 광막한 암흑 속의 푸른 점 위에서 우리는 서로를 더 다정하게 바라보며 살아야 한다. 우리가 발 딛고 있는 이 작은 점이 바로 지금 이 순간의 삶을 온전히 살아 낼 단 하나의 무대이기 때문이다.

우주는 침묵하지만, 그 침묵 속에서 우리는 삶의 소리를 듣는다. 우주는 텅 비어 있지만, 그 비어 있음 속에서 우리는 연결을 발견한다. 바로 그곳에서 우리는 단단히 고정되지 않은 살아 숨 쉬는 유연한 존재로 다시 태어난다. 나의 고통조차 그 거대한 맥락 안에서 이해할 수 있을 때 그것은 더 이상 나를 파괴하는 힘이 아니라 나를 이루는 힘이 된다.

삶은 매 순간 흔들리지만 그 흔들림조차 나라는 우주의 일부다. 이 작고 창백한 푸른 점에서 우리는 고통도 희망도 함께 품고 살아가는 '흐름'이 된다. 그것이 바로 밤하늘의 별들이 우리에게 말해 주는 진실이 아닐까?

📝 심리학 노트

불안, 슬픔, 자책과 같은 감정에 사로잡히는 순간, 사람은 그것이 곧 자신이라고 믿게 된다. 하지만 감정은 '나' 자체가 아니라 일시적으로 떠오른 내 경험의 일부일 뿐이다.

'심리적 거리 두기(cognitive defusion)'란 감정이나 생각을 억누르거나 제거하는 것이 아니라 그것을 하나의 흐름으로 인식하고 약간의 심리적 거리를 둔 채 바라보는 능력을 말한다. 이는 수용전념치료의 핵심 기제로, 감정이나 생각을 곧이곧대로 믿기보다는 '그 생각이 떠오르고 있다'는 식으로 인식하는 태도다.

예를 들어 '나는 실패자야'라는 생각이 들 때 그 문장을 "내가 '나는 실패자야'라는 생각을 하고 있다"라고 다시 표현해 보는 것이다. 이 짧은 재구성만으로도 그 생각과 자신 사이에 공간이 생기고 감정은 유예된다. 이런 과정을 통해 우리는 생각을 절대적인 사실로 받아들이지 않고 하나의 사건처럼 관찰할 수 있게 된다.

이런 태도는 회복 탄력성(resilience)과 깊은 관련이 있다. 회복 탄력성이란 스트레스, 상실, 트라우마 같은 심리적 충격에서 심리적 균형을 회복하고 다시 일어서는 능력을 말한다. 연구에 따르면 감정을 직면하되 그 감정에 압도되지 않고 스스로의 내면을 넓은 시야에서 조망할 수 있는 사람일수록 더 높은 회복 탄력성을 보인다.

심리적 거리 두기는 거창한 방법이 아니라 작은 시선 전환에서 시작된다. 자신의 감정과 경험을 조금 더 넓은 맥락에서 바라볼 수 있다면 사람은 고통 속에서도 의미를 찾고 유연한 존재로 살아갈 수 있다. 감정의 폭풍은 지나가고 그 너머에 있는 더 크고 넉넉한 '나'가 다시 모습을 드러낼 것이기에.

5-5
아! 이제는 내가 누구인지 알겠어요

당신은 당신의 감정이 아니다. 당신은 그 감정을 바라보는 존재다. 이 점을 깨닫는 순간 당신은 자유로워진다.

-앨런 와츠

소금인형 하나가 여행을 하다가 마침내 바다 앞에 이르렀다.

"당신은 누구십니까?"

소금 인형이 바다에게 말을 걸었다.
바다는 빙그레 웃었다.

"들어와서 직접 확인해 보려무나."

소금인형은 바닷물을 헤쳐 나가기 시작했다. 바닷속으로 나아갈수록 소금인형의 몸이 점점 녹아들었다. 그리고 마지막 알갱이가 녹는 순간 소금인형은 놀라운 경이감으로 이렇게 외쳤다.

"아! 이제는 내가 누구인지 알겠어요."

앤서니 드 멜로 신부가 쓴 《바다로 간 소금인형》 이야기다. 이 글에서 '소금인형'은 '자신을 알려는 존재'로 등장해 바다에 뛰어든다. 그리고 몸이 녹는 경험을 하고서야 비로소 자신이 누구인지 알게 됐다고 말한다.

이런 경험이 나에게도 있었다. 있는 그대로의 진실 속으로 걸음을 내딛는 순간마다 나도 나의 일부가 녹아내리는 것을 느낄 수 있었다. 어느 날, 이제는 덤덤하게 고통을 마주할 수밖에 없을 만큼 지쳐 있을 때였다. 내 안의 소금인형이 망설였지만, 나는 기어코 나의 발끝을 그 고통의 물에 담갔다. 그리고 차츰, 조용히 녹아내리기 시작했다. 발끝에 닿는 고통의 물결이 다가오면 오는 대로 나는 나를 그냥 그곳에 뒀다. 그러자 놀랍도록 부드럽고 자연스럽게 상실의 감각이 밀려들었다. 물론 두려움도 커져 갔다.

하지만 더 깊이 나아가고 더 많이 녹아들수록 바다와 하나 되는 일이 무엇인지 이해하게 됐다. 나는 드디어 꼭 쥐고 있던 손아귀의 힘을 풀고 앙다물었던 입술에도 힘을 뺄 수 있었다.

과거, 현재, 미래가 담긴 무한한 존재

고정된 자아에서 벗어나 변화하는 경험 속에서 더 넓은 시각으로 자신을 바라볼 수 있게 된다면 분명 삶은 좀 더 평온해질 것이다.

우리의 내면은 마치 끊임없이 진행되는 체스 게임과 같다. 체스 판 위에서는 흰색 말과 검은색 말이 싸운다. 흰색 말은 긍정적인 감정과 생각을, 검은색 말은 부정적인 감정과 생각을 나타낸다고 해 보자. 우리는 흔히 흰색 말을 승리하게 만들고자 검은색 말을 제거하려 한다. 불안을 없애려 하고, 두려움을 밀어내며, 부정적인 생각을 억누르려 한다. 그러나 이 체스 게임에서 한쪽 말을 완전히 제거하는 것은 불가능하다. 게임이 지속되는 한 흰색 말과 검은색 말은 계속해서 움직이며 영향을 주고받는다.

그러니 정말 중요한 것은 체스 게임 자체가 아니라 그 게임이 펼쳐지는 체스 판이다. 체스 판은 모든 말을 지탱하는 공간이다. 검은색 말이 공격을 해도, 흰색 말이 승기를 잡아도, 체스 판은 여전히 그 자리에 있다. 우리의 내면도 마찬가지다. 우리는 우리의 생각이나 감정이 아니다. 우리는 생각과 감정을 경험하는 존재이며, 그것들을 담고 있는 더 넓은 공간, 즉 체스 판과 같은 존재다. 체스 판은 그 위에서 어떤 싸움이 벌어지든 단지 그것을 지탱할 뿐 개입하지 않는다. 체스 판 위에서 검은 말이 오가는 것은 자연스러운 일이다. 하지만 그 말이 체스 판에 영향을 미치지는 않듯이 우리의 불안과 열등감도 우리를 규정하지 않는다.

많은 사람이 부정적인 감정을 없애려고 애쓴다. 불안이 찾아오면 그것을 떨쳐 내려 하고, 두려움이 생기면 그것을 억누르려 한다. 그러나 우리의 삶에서 그런 감정을 완전히 없앨 수는 없다. 우리가 할 수 있는 일은 감정과 생각이 자연스럽게 흐르도록 내버려두는 것이다. 우리의 생각과 감정, 정체성은 끊임없이 변화하지만, 그 모든 것을 경험하는 넓은 의식은 여전히 존재한다는 사실을 잊지 말아야 한다. 이것이 바로 '관찰하는 자기(the observing self)', 즉 맥락으로서의 자기가 갖는 시선이다.

우리가 겪는 모든 경험을 온전하게 받아들이되 그 경험을 넘어서는 더 넓은 존재로서 자신을 바라볼 수 있는 능력은 매우 사소한 순간에도 발휘된다. 명상을 통해 경험하고 연습한 '관찰하는 자기'에 대한 감각적인 이해는 나에게 큰 도움이 됐다. 고통스러워하는 나를 바라보는 나, 행복해하는 나를 바라보는 나, 두려워하는 나를 바라보는 나, 스스로 대견해하는 나를 바라보는 나 등등 '관찰자 자기'는 바로 이런 모든 순간에 존재한다. 감정과 생각이 일어났다 사라지는 것을 거리를 두고 바라보는 눈, 흐르는 강물의 일부이면서도 강 전체를 보는 시각인 것이다. 감정과 느낌은 마치 일렁이는 물결처럼 변덕스럽다. 그러나 그 모든 변화를 지켜보는 나는 사라지지 않는다.

어제의 나는 오늘의 내가 아니고, 오늘의 나는 내일의 내가 아닐 것이다. 심지어는 이 글을 쓰기 시작한 나, 그리고 이 글을 다 쓰고 난 후의 나 또한 결코 같은 존재가 아니다. 이렇듯 우리는 인생의 온갖 경험 속에서 끊임없이 변화하고, 감정과 생각 또한 흐르는 강물처럼 결코 멈추지 않는다. 그러나 변화하는 감정과 기억 너머에 그 모든 것을 바라보는 '나'는 분명 존재한다. 그 모든 순간을 담아낼 '나'는 언제나 그 자리에 있다. 이것은 우리가 모든 경험을 수용할 수 있는 더 넓은 존재임을 의미한다. 우리는 우리의 과거, 현재, 미래의 모든 경험을 품을 수 있는 광활하고 무한한 존재다.

📝 심리학 노트

영화관과 스크린 비유로 '맥락으로서의 자기'를 할 수 있다.

1. 편안한 자세로 눈을 감고 잠시 호흡을 가다듬는다.
2. 마음속에 최근에 강렬하게 느꼈던 감정이나 생각 하나를 떠올려 본다. (예: 불안, 분노, 걱정, 기쁨 등)
3. 그 감정이나 생각이 마치 영화관에서 상영되는 영상의 한 장면이라고 상상해 본다. 영상 속에 등장하는 배우, 배경, 이야기처럼 구체적으로 떠올린다.
4. 이제 그 영화가 상영되는 스크린, 즉 영상이 비춰지는 평평한 공간을 상상한다. 스크린은 변하지 않고 조용히 그 모든 영상을 담아내고 있음을 기억한다.
5. 당신은 배우나 이야기 그 자체가 아니라 영화를 비추는 '스크린'임을 마음속으로 천천히 다시 한번 느껴 본다.
6. 영상 속의 감정과 생각이 바뀌거나 사라져도 스크린은 언제나 그대로 있다는 사실에 주목한다.
7. 그 마음 상태를 잠시 유지하며 '나는 이 감정과 생각을 비추는 스크린이다'라고 속으로 반복해서 말해 보자.
8. 천천히 눈을 뜨고, 이 연습을 통해 마음에 어떤 변화가 있었는지 관찰하는 시간을 갖는다.

6장

고통
옆에 있는
내 삶의 가치

자기연민의 힘

6-1
그날,
이층 침대 아래에서

운명이 우리에게서 부귀를 빼앗을 수는 있어도 용기를 빼앗을 수는 없다.

-세네카

아들은 초등학교 2학년, 딸아이는 일곱 살이던 때의 일이다. 딸아이는 조그마한 몸을 이층 침대 아래층 구석에 구겨 넣고는 반 시간이 훌쩍 넘도록 서럽게 울고 있었다. 화를 낼 처지가 아니었던 나는 조용히 아이 옆에 앉아 달래 보려 몇 마디 말을 건네다 말고 이내 입을 다물었다. 그리고 그저 텅 빈 눈으로 가만가만 딸아이의 등을 쓸어내렸다.

그때 같은 방에 있던 아들이 결심한 듯 갑자기 벌떡 일어섰다.

"야! 너 4학년 ○○○ 형 알지? 그 형아네 부모님도 이혼했잖아. 근데 그 형이 얼마나 밝고 착하게 잘 자랐는지 알아? 그러니까 울 이유 없어. 너 그만 좀 울어라!"

그러자 잠시 오빠 말을 듣느라 울음을 멈추고 눈을 동그랗게 뜨고 있던 딸아이가 고개를 푹 떨구더니 더욱 목소리를 높여 악을 쓰기 시작했다.

"싫어! 싫어! 아빠랑 헤어지기 싫어! 악! 빨리 아빠 오라고 해! 악! 악!"

땀과 눈물로 젖은 머리카락이 아이의 작고 빨간 볼에 아무렇게나 붙어서는 떨어지지 않았다. 아이는 내 손길이 닿지 않게 침대 끝으로 가서 몸을 완전히 공처럼 구부리고는 이미 반쯤 쉬어 버린 목소리로 있는 힘껏 계속 울었다.
같은 처지에 있던 동네 형이 밝고 근사하게 자라났다는 사실에 기대어 우리도 괜찮을 거라고 애써 위로하고 싶었을 아들의 단단하고 뾰족한 슬픔. 그것은 아직도 내 가슴에 가시처럼 박혀 있다. 벌써 7년 전의 일이다. 나는 결국 이혼을 선택했다.
먼저 말을 꺼낸 사람은 나였지만, 사실 우리 사이의 균열은 오래전에 시작됐다. 처음에는 서로를 질타했다. 당신은 왜 늘 그 모양이냐고. 왜 내 말에 귀 기울이지 않느냐고. 왜 그렇게 예민하고 날카롭냐고. 왜 늘 부족한 부분만 들추냐고. 우리는 서로를 몰아붙이며 있는 힘껏 상처를 줬다.

그러다 어느 순간, 말이 사라졌다. 처음부터 끝까지 조용한 이별이었다. 큰소리도 없었고, 극적인 눈물도 없었다. 다만 우리는 서로의 눈을 점점 덜 마주쳤다. 식탁에 앉으면 맞은편이 늘 비어 있었다. 그렇게 우리는 조용히, 아주 조용히 서로를 놓았다.

한 번뿐인 내 삶은 어떤 모습이어야 하는가?

우리 두 사람이 내린 결정에 따라 두 아이의 세상은 완전히 둘로 갈라졌다. 이혼을 결심한 부모의 마음속에는 도무지 삼킬 수 없는 감정들이 켜켜이 쌓인다. 마치 아이가 살던 집의 지붕을 스스로 걷어 내는 것 같은 기분이다. 여리고 작은 아이들의 가슴에 큰 좌절감을 심었다는 미안함에 숨을 고르게 쉴 수 없었다. 완강히 거부하던 딸아이의 몸짓이 자꾸만 떠올랐다. 어떤 사랑에는 끝이 있다는 사실을 이미 알아 버린 아이들에게 무슨 말을 더 할 수 있을까?

어떤 미안함은 말로 표현할 수 없다. 말로 옮기는 순간 너무 작아지기 때문이다. 하지만 무언가를 해야 했다. 수없이 망설이고 주저하며 가슴속에서만 되뇌던 말을 아이들에게 꺼낼 준비가 된 순간, 아니 그렇게 믿고 싶었던 순간, 나는 조심스럽게 아이들 앞에 앉아 말했다.

"엄마는 세상을 살아가면서 아주 많은 결정을 해 왔어. 인생을 어떻게 살지는 언제나 결국 우리 스스로 선택해야 하니까 말이야. 어떤 선택을 한 뒤에는 그냥 그 길로 쭉 가면 되기도 하지만 또 어떤 선택들은 되돌려야 하기도 해. 엄마와 아빠의 선택과 결정이 너희에게 슬픔과 눈물과 좌절이 되지만은 않을 거야. 그렇게 되도록 우리가 가만 있지는 않을 거니까 말이야. 엄마, 아빠는 너희가 세상에서 가장 안전하다고 믿는 그 공간이 맞아. 그곳은 그 어떤 순간에도 절대 변하지 않아. 우리의 선택을 이해해 줘. 오래 힘들게 하지 않을게."

나는 아이들이 내 말을 이해했을 것이라고 생각했다. 혹여나 그렇지 않더라도 내가 진실을 보여 주면 되는 것이었다.
   그렇게 아이들과 나, 세 사람으로 이뤄진 새로운 가족의 역사가 다시 시작됐다. 나는 전전긍긍하지 않았다. 아이들에게 미안함과 안쓰러운 마음이 없었다는 얘기가 아니다. 우리 부부의 선택이 아이들의 일상을 바꾸고, 여리기만 한 가슴에 혼란과 외로움을 남길 수도 있다는 사실에 때때로 가슴이 저미고 불안했다. 이혼한 많은 부모가 아이들 앞에서는 최대한 평온한 척하려 애쓰는 것은 그래서일 테다. 하지만 나는 평온을 가장해야 할 순간이 많지 않았다. 오래된 숙고는 내가 더 이상 흔들리지 않을 단단한 이유가 돼 줬기에 나는 어느 때보다 슬프지만 또 어느 때보다 평온하게 새로운 시절을 맞이했다.

얼마 전, 전남편이 고장 난 가전제품을 고쳐 주려고 전동 드라이버를 들고 집에 들렀다. 그에게 나는 조만간 심리 치유에 관한 에세이 책을 출간할 예정이라고 말했다. 그는 웃으며 "오, 그럼 내 얘기도 나오는 거야?"라고 농담처럼 말을 건넸다.

이혼 후, 많은 계절이 지나갔다. 큰아이는 장성같이 늠름한 중학생이 됐고, 둘째는 아침마다 입고 갈 옷을 고르는 데 적지 않은 시간을 투자하는 새침데기 6학년이 됐다. 시간은 언제나 제 몫의 속도로 흘러간다. 우리는 서로의 인생에서 물러났지만, 삶은 예상보다 조용히 제자리를 찾았다. 아이들도 각자의 리듬으로 무사히 자라고 있다.

나는 한 번뿐인 내 삶이 과연 어떤 모습이기를 바라는지 묻는 질문에 온전한 나의 선택으로 대답했다. 내가 바라는 삶을 가리키는 나침반의 바늘을 믿고 방향을 완전히 돌려 잡았다. 그리하여 나는 내 생에서 가장 고통스럽고 자유로운 결정을 내렸다. 그리고 그렇게 돌아선 새로운 방향으로 여전히 뚜벅뚜벅 걸어가고 있는 중이다.

살다 보면 정말이지 오늘이 마지막이라고 해도 괜찮을 것 같은, 지금 이 결정이 완전한 순간이 존재한다. 우리는 과연 언제, 어떤 순간에 그런 충만함을 경험하는 걸까? 그 순간들이 품고 있는 성숙하고도 고요한 감각들은 어떻게 우리 안에 스며들고, 또 어떤 방식으로 삶을 비추는 것일까? 지금 이대로 삶이 멈춰도 더 바랄 것이 없을 듯한 찰나를 가능하게 했던 일상의 무언가에 대해 지금부터 이야기해 보려 한다.

수용전념치료에서는 그 무언가를 '가치'라고 부른다.

📝 심리학 노트

가치는 미래의 목표가 아닌 현재를 살아가는 방식이다.
가치는 언뜻 보면 미래의 이상이나 결과처럼 보이지만, 실제로는 지금 이 순간, 어떻게 살아갈 것인가를 결정짓는 태도이자 방향성이다.

가치는 끝이 없으며 과정 그 자체를 의미 있게 만든다.
수용전념치료에서는 가치가 '결과가 아니라 여정'이라고 본다. 가치를 따라 사는 삶은 특정 목표를 달성함으로써 끝나는 것이 아니라 매 순간 선택과 행동 속에서 지속되는 과정이다.

가치는 현재에 접촉함으로써 비로소 살아난다.
지금 여기에서 내가 어떤 태도를 지니는가, 어떤 방향으로 발걸음을 내딛는가에 따라 가치는 살아 숨 쉬게 된다. 따라서 가치는 삶을 의미 있게 만드는 현재의 경험이다.

가치는 맛보고 누리는 것이다. 추구의 대상이 아니다. 수용전념치료에서 말하는 가치는 도달할 대상이라기보다는 살아가는 과정이며, 지금 이 순간에도 충분히 느끼고 누릴 수 있는 내면의 생동감이다.

6-2
당신의 고통이 있는 곳에 당신의 가치가 있다

나는 인생을 충만하게 살아왔소.

정말 거침없이 많은 것을 접하며 다녔지만

그보다도 더 중요한 점은

내 삶을 내 방식대로 살았다는 것이오.

-〈나의 길(My way)〉, 프랭크 시나트라

전남편은 착하고 여린 사람이었다. 사람을 힘들게 하려는 의도가 없었다. 오히려 언제나 조심스러웠고, 상처를 입히기보다는 차라리 멀어지는 쪽을 택하는 사람이었다. 그러나 그의 내면에는 오래된 상처가 고요히 웅크리고 있었다. 어쩌면 자신조차도 정확히 파악하지 못한 채 살아온 고통의 기억들이었다. 그는 상처를 말하는 대신 침묵을, 감정을 표현하는 대신 방어를 택했다. 어쩌면 침묵은 그가 세상으로부터 자신을 보호하려고 만들어 낸 익숙한 동굴이자 피난처였을 것이다.

그는 자신의 감정 앞에서 늘 어눌하고 서툴렀다. 곽곽하고 고단했던 어린 시절, 순진하게 투쟁하다 무너진 젊은 시절, 그리고 여전히 계속되고 있는 스스로와의 줄다리기 속에서 침잠하기를 선택한 사람이었다. 그의 마음은 점점 닫혀 갔고, 나는 그 문밖에서 애를 태우며 서 있었다. 침묵은 그만의 생존 방식이었다. 세상과 가족과 어린 시절의 상처와 타협하며 배운 방식. 나는 그 방식을 이해할 수 없어 상처받고 고통받았다. 우리는 서로의 상처를 몰랐다. 나는 그의 방어를 거절로 받아들였고, 그는 나의 접근을 위협으로 느꼈을 것이다.

나는 두드렸다. 애원하고 설명하고 기다렸다. 그러는 사이 그 못지않게 미숙했던 나는 변해 갔다. 목소리가 커지고, 말수가 많아졌다. 소리쳤고, 오열했고, 왜 사랑을 말하지 않느냐고 다그쳤다. 하지만 나는 그의 내면 깊은 곳에 있는 고요에 닿지 못한 채 돌아서고는 했다. 물론 그와 내가 항상 차가운 공기 속에 있었던 것은 아니지만 그와 연결돼 있다는 느낌은 받을 수 없었다. 아무리 애써도 연결되지 않는 마음이 있다는 사실을 받아들여야 했다. 나는 질문했다.

'무엇이 나에게 진정으로 중요한가?'

답은 연결되고 싶다는 간절함이었다. 나는 연결되고 싶었다. 이해받는 관계, 같은 파장 위에서 함께 나누는 대화, 고립이 아니라 진심으로 만나는 삶. 나는 그런 가치를 따라 살고 싶었다. 물론 누군가와 진정으로 연결된다고 해서 완벽하거나 편안한 삶을 살 수는 없을 것이다. 오히려 더 자주 흔들리고, 또다시 외롭고, 어쩌면 다시 상처받는 삶이 펼쳐질지도 모른다. 하지만 거기에는 잠시도 멈추지 않고 팔딱거리는 심장 같은 내가 있지 않은가? 그 가치를 향해 기꺼이 걸어가는 진짜 내가.

전남편과 헤어질 때, 나는 고통스러웠지만 동시에 이상하리만치 평온했다. 슬펐지만 부드러운 위로가 함께 찾아왔다. 이 세상이 나를 어떻게 바라보든, 나조차도 나를 어떻게 규정하든 상관없이 삶이 나에게 던져 준 모든 장면을 있는 그대로 펼쳐 놓고 나의 방식으로 살아 내기 시작했기에 견딜 수 있었다. 그리고 지금도 나는 그때의 결정을 살아 내고 있는 중이다.

그런데 삶은 참으로 아이러니하다. 거리를 두고 서 있으면서 우리는 서로가 견뎌야 했던 고통과 두려움, 말하지 못했던 외로움을 조금씩 헤아리게 됐다. 그는 여전히 조용하고 나는 여전히 질문이 많은 사람이지만, 우리는 서로의 다름을 조금 더 수용할 수 있게 됐다. 이혼은 실패가 아니었다. 오히려 우리가 자신의 가치를 되찾고, 각자의 삶을 제대로 걸어갈 수 있게 해주는 자유와 책임의 시작이었다. 이혼이라는 단어는 차갑지만, 우리 안에는 더 이상 서로에게 상처 주지 않으려는 마지막 따뜻함이 있었음을 이제는 이해한다.

수용전념치료가 말하는 삶의 가치

니체는 말했다. "인간은 극복돼야 할 존재다"라고. 그는 인간 안에 있는 무한한 가능성과 능력을, 그리고 그 가능성을 실현하기 위한 용기와 고통의 수용을 이야기했다. 니체에게 있어 위대한 인간이란 진리와 삶의 의미를 밖에서 찾지 않고 자신의 내면 깊은 곳에서부터 스스로 만들어 가는 존재다. 그리고 그 창조의 중심에는 바로 '자기만의 가치'가 있다. 그것은 누군가로부터 주어진 것이 아니라 상처와 혼란, 고통 속에서도 끊임없이 물어야 하는 질문의 결과다.

'나는 왜 이 길을 가는가?'
'이것은 나에게 왜 이토록 중요한가?'

이런 삶은 편하지 않다. 오히려 혼란스럽고 외롭고 불확실하다. 그러나 니체가 말한 위대함은 바로 그 불확실한 길을 스스로 선택하고 감당해 나가는 데서 비롯된다. 나는 이혼이라는 결정 앞에서 가치를 물었다. 그리고 끝내 두려움보다 더 깊은 어떤 의미를 찾아내고자 했다. 내가 어떤 인간으로 살고자 하는지를, 어떤 방향으로 나아가고자 하는지를 마침내 스스로 결정하는 일이었다.

그가 평온하기를 바란다. 언젠가 그는 스스로의 마음속 깊은 고요에 닿을 수 있을 것이다. 그곳에서 자신이 그동안 애써 외면해 온 상처들과 마주하며 조금씩 그것들을 받아들이게 되리라 믿는다. 두려움과 회피 대신 자신을 온전히 수용하는 시간이 찾아오기를 바란다. 그렇게 스스로에게 마음의 문을 열며 고립되지 않는 길을 걸었으면 한다.

우리는 이제 각자의 길을 가고 있지만 그가 그 길 위에서 자신만의 평화를 찾기를 응원한다. 그리고 나 자신도, 자신의 상처와 마주하고 그 속에서 의미를 찾는 일은 결코 쉽지 않지만, 그 과정에서 결국 우리는 조금 더 자유로워질 것이다.

심리학 노트

철학의 세계에서 '가치'는 선과 악, 아름다움과 정의, 존재 들을 아우른다. 시대와 문화, 개인과 공동체가 함께 엮어 내는 삶의 기준이자 이상이며, 때로는 변치 않는 절대적 진리처럼 여겨지기도 한다. 철학은 우리에게 묻는다.

'무엇이 진정 옳고 선한가? 우리는 어떤 삶을 지향해야 하는가?'

이 질문들은 머리를 무겁게 짓누르면서도 동시에 깊은 깨달음의 길로 우리를 인도한다.

그에 비해 수용전념치료에서 말하는 '가치'는 조금 더 일상적이고 구체적이다. 삶의 무게를 견디며 걸어가는 한 사람의 내면에 자리한 작은 등대와도 같다. 불확실하고 고통스러운 순간에도 나를 앞으로 이끄는 표지판, 내가 어떤 사람이 되고 싶은지에 대한 내밀한 약속이다.

철학의 '가치'가 때로는 이상과 규범을 강하게 요구한다면, 수용전념치료의 '가치'는 그 이상의 무게를 함께 견뎌 내며 일상의 작고 소중한 발걸음들을 격려한다. 철학이 우리에게 '무엇이 옳은가'를 묻는다면, 수용전념치료는 '내가 누구이고 어떤 길을 걸어갈 것인가'를 묻는다.

6-3
기진한 삶 속에도
신비는 있다

우리는 완벽한 길을 찾는 게 아니라 길 위에서 스스로를 찾아가는 것이다.

-마르틴 하이데거

말년 휴가를 앞둔 어느 병사가 하루하루 날짜를 세어 가며 중얼거린다.

"내가 제대만 하면 모든 게 제자리를 찾을 거야. 그날만 오면…."

그 말에는 마주한 현실에 대한 지친 마음이 묻어 있다. 그는 제대만 하면 지금의 모든 고뇌와 고통이 사라지고 희망에 찬 시간이 오리라고 믿는다. 그날만 오면 진득하고 뿌연 안개 같은 현재의 혼란이 마침내 투명하고 맑게 걷힐 것만 같다.

그리고 마침내 제대일. 그는 드디어 부대 문을 나선다. 모든 것이 가능해 보이는 시간, 그토록 기다려 왔던 날이 마침내 도래했다. 자유의 공기를 흠뻑 만끽해 본다. 그런데 어쩐지 그 황홀한 기쁨은 생각보다 짧다. 한숨 돌릴 새도 없이 마음은 이미 또 다른 미래를 향해 저만치 달려가고 있기 때문이다.

"그래, 복학해서 열심히 공부하다가 이제는 졸업만 하면 돼."

이 글을 읽고 있는 당신은 어떤가? 당신도 지금까지 끝없이 달려 왔다. '이번만 넘기면, 이제 좀 편해질 거야'라고 스스로를 다독이며 수없이 많은 '이번'을 통과해 왔다. 그렇게 당신은 자신의 목표에 다가갔다. 그런데 목표를 이룰 때마다 삶은 당신에게 그다음 목표를 줄 뿐이다. '이걸 이루면, 그때는 진짜로!'라고 당신은 생각하겠지만, 이 흐름에는 좀처럼 끝이 보이지 않는다.

우리는 삶을 도달해야 할 목표의 연속으로 이해하고는 한다. 제대만 하면, 졸업만 하면, 취직만 하면…. 그다음에는? 집을 사야 하고, 결혼을 해야 하고, 아이를 낳아야 하고, 더 나은 내가 돼야 한다. 그러니 '다음'에는 좀처럼 끝이 없다. 준비만 하다 삶이 끝나는것이다.

수용전념치료는 이런 방식에 이의를 제기한다. 물론 성취는 중요하다. 그러나 그것이 당신을 정의할 수는 없다. 대신 수용전념치료는 이렇게 묻는다.

'지금 이 순간, 당신은 어떤 사람으로 살고 싶은가?'
'당신답게 존재하는 방식은 무엇인가?'
'당신은 어떤 태도로 이 길을 걸었는가?'
'지금 이 선택이 당신의 진심과 닿아 있는가?'

가치는 그렇게 다가온다. 속도를 강요하지 않고, 비교하지 않고, 무엇을 이뤘는지를 따지지도 않는다. 당신이 지금 어떤 방향을 향해 살아가고 있는가를 묻고, 당신에게 진정 그 방향이 소중한지를 묻는다.

방향을 잃지만 않는다면 모든 길에 의미가 있다

나는 엄마를 유방암으로 잃었다. 그런 내가 유방암 진단을 받자 상실감과 두려움이 몰려왔다. 그 고통을 없애는 방법을 나는 알지 못했다. 하지만 고통을 가슴팍에 부여안고도 내가 중요하게 생각하는 방향으로 나아갈 수는 있었다. 나에게 그 방향은 아이들과 함께 안온하고 평범한 일상을 살아 내는 것, 글로 내 안의 혼잣말들을 매만지는 것, 내담자의 슬픔을 이해하는 것, 아름다움을 보는 감각을 놓지 않는 것, 삶이 나에게 주려고 하는 메시지를 이해하는 것이었다.

암은 단번에 죽음을 내 곁으로 데려다 놓았다. 그러자 삶이 더 선명해졌다. 내 인생이 끝날 수 있다는 자각은 내가 무엇을 진짜로 소중히 여기는지를 확실하게 알게 해 줬다.

김훈은 《자전거 여행》에서 이렇게 적는다.

'신비'라는 말은 머뭇거려지지만, 기진한 삶 속에도 신비는 있다. 오르막길 체인의 끊어질 듯한 마디마디에서, 기어의 톱니에서, 뒷바퀴 구동축 베어링에서, 생의 신비는 반짝이면서 부서지고 새롭게 태어나서 흐르고 구른다. 땅 위의 모든 길을 다 갈 수 없고 땅 위의 모든 산맥을 다 넘을 수 없다 해도, 살아서 몸으로 바퀴를 굴려 나아가는 일은 복되다.

삶은 그런 것이다. 땅 위의 모든 길을 다 갈 수는 없지만, 내가 오늘 굴리는 이 바퀴, 내가 선택한 이 방향, 내가 감당하며 살아 내는 지금 이 순간이 신비로 가득하다. 누군가에게는 소음일 수 있는 체인의 덜컥거림이, 누군가에게는 고단함일 수 있는 땀방울이, 나에게는 존재의 증거이고 삶의 울림이다.

목적지에 닿지 않아도 괜찮다. 도달하지 못해도 실패가 아니다. 우리가 방향을 잃지 않고 그 방향이 나의 진심과 맞닿아 있다면 지금 이 삶은 충분히 의미 있다.

📝 심리학 노트

새하얀 눈이 끝없이 펼쳐진 들판을 떠올려 보자. 어떤 사람이 그 들판을 가로질러 하염없이 동쪽, 또 동쪽을 향해 걷고 있다. 가까이에서 그의 발자국을 보면 삐뚤빼뚤하고 뒤엉켜 있다. 주춤거리다 멈춘 흔적, 잠시 다른 방향으로 샜다가 돌아온 흔적이다.

하지만 위에서 내려다보면 그 모든 발자국들이 결국 하나의 선을 이루며 동쪽을 향해 나아가고 있음을 우리는 분명하게 알 수 있을 것이다.

누구도 삶을 일직선으로 살 수는 없다. 예기치 못한 고통과 장애물, 관계의 단절과 실망에 발걸음은 흐트러진다.

그러나 그 순간에도 자신에게 용기를 북돋고, 방황 속에서 만나는 슬픔과 고통에게 따뜻한 인사를 건넬 수 있다면 우리는 다시 동쪽을 향해 걸어갈 수 있다.

6-4
차가운 영원보다 뜨거운 지금

> 인생은 순간의 집합이며, 우리가 느끼고 경험하는 것들이 우리의 존재를 완성한다.
>
> -마르쿠스 아우렐리우스

두 눈에는 인간의 생각이 투명하게 비치지만 두 손으로는 아무것도 만질 수 없는 존재가 무거운 회색 하늘 아래 서 있다. 그는 천사다. 모든 것을 보지만 아무것도 할 수 없고, 모든 것을 듣지만 누구에게도 말을 걸 수 없다. 그렇게 그는 수천 년을 살아왔고, 셀 수 없이 많은 인간의 탄생과 죽음을 지켜봤다. 하지만 어느 날, 그는 한 사람의 고독에 이끌려 땅에 발을 디딘다.

영화 〈베를린 천사의 시〉는 영원을 누리는 천사가 순간을 사는 인간이 되기로 결심하는 경이롭고도 고독한 이야기다.

천사 다미엘은 모든 인간의 생각을 듣고 마음을 들여다볼 수 있다. 고독한 노인의 절망과 버스 운전사의 피로, 때때로 자신을 알아보는 아이들의 순수를 전부 다 알고 있다. 하지만 그는 만질 수 없다. 위로할 수도 없고, 안아 줄 수도 없다.

다미엘은 서커스 곡예사 마리옹을 사랑한다. 그녀는 외롭다. 그녀의 외로움은 철저히 인간적인 것이다. 두 손에 가득 쥔 커피잔의 온기, 울 때 눈물이 볼을 타고 흐르는 느낌 같은 확실한 감각이다. 천사는 그것이 부럽다. 그는 감각을 원한다. 냉정한 초월보다 뜨거운 현실을 느끼고 싶다. 고통 없는 불사의 존재에서 벗어나 흐릿하고 불완전한 삶의 모순을 겪기를 원한다. 그래서 그는 천사에서 인간으로, 절대에서 사랑으로, 하늘에서 땅으로 내려온다.

그가 갈망한 삶은 이런 것이었다.

영원히 살면서 천사로 순수하게 산다는 건 멋진 일이야.
하지만 가끔 싫증을 느끼지.
영원한 시간 속을 떠다니느니 현재를 느끼고 싶어.
부는 바람을 느끼며 '지금'이란 말을 하고 싶어.
더 이상 영원이란 말은 싫어.
카페에 앉아 사람들에게 인사받고 싶어.

때로는 거짓말도 하고

걸을 때 움직이는 뼈를 느끼고

전능하지 않아도 좋으니 예감이란 것도 느껴 보고

소리도 질러 보고 싶어.

힘든 일과 후 집에 와서 고양이에게 먹이를 주고 싶어.

손때를 묻혀 가며 신문을 읽고 싶어….

그의 바람은 단순하다. 아주 평범한 일상의 감각들, 우리에게는 너무도 익숙하고 당연해서 자주 잊혀지는 것들이 다미엘에게는 경이롭고 찬란한 삶의 진실이었다. 이 단순하지만 잊기 쉬운 진실을 영화는 천사의 시선을 통해 역설적으로 보여 준다.

다미엘은 말한다.

나는 이제 영원을 모른다. 대신 순간을 안다.

그는 인간이 되자마자 머리가 깨질 듯한 두통을 느끼고, 추위에 벌벌 떨기도 한다. 다미엘은 드디어 인간이 된다는 일이 어떤지를 깨닫게 된다. 단순히 존재하는 것이 아니라 그 존재 속에서 감각을 경험하는 일, 즉 살아 있음을 온전히 느끼는 일이었다.

살아 있음의 감각과 마음의 기록

허리가 아파서 아주 천천히 움직여야 했던 날들이 있었다. 그때 나는 매 순간 내 몸의 작은 변화를 감지했다. 전에는 신경 쓰지 않던 수많은 감각들이 하나하나 생생하게 다가왔다. 아무 생각 없이 움직이면 통증이 너무 심했기에 아주 조금씩, 천천히 움직일 수밖에 없었다. 특히 침대에서 일어날 때는 그렇게 진중할 수가 없었다. 그렇게 몸의 이곳저곳과 대화를 하며 자리에서 일어나던 어느 날, 나는 문득 깨달았다.

'이게 바로 내가 살아 있다는 증거구나!'

아픈 허리를 움직일 때마다 그 통증 속에서 나는 내 몸이 어떻게 반응하는지, 무엇이 나를 제약하는지, 그리고 그 제약 속에서 내가 여전히 어떻게 존재하고 있는지를 느낄 수 있었다. 살아 있음을, 내가 여전히 이 세상과 연결돼 있음을 그 통증을 통해 온몸으로 알게 된 것이다.

심리학을 공부하면서도 비슷한 감각을 느꼈다. 나는 늦은 나이에 대학원 공부를 시작했다. 처음에는 공부가 어느 정도 궤도에 오르고 나면 내가 대단한 사람이 될 거라는 기대도 있었다. 그러나 시간이 흐를수록 궤도에 오르기는커녕 깊고 깊은 수렁 속으로 빠져 버리는 것 같았다. 방대한 학습량이 부담스러웠다. 내면 깊숙이 숨겨 뒀던 나의 감정과 상처가 공부를 하면 할수록 수면 위로 떠오르기 시작했다.

심리학을 배우며 나는 내가 누구인지를, 내가 살아온 길을, 그리고 내가 지나온 아픔들을 온전히 마주해야만 했다. 그 과정은 결코 쉽지도, 가볍지도 않았다. 때로 그 모든 감정은 나를 짓누르는 거대한 검은 산처럼 느껴지기도 했다. 하지만 마음속의 불안과 좌절, 그 속에서 느끼는 고통과 두려움은 내가 살아 있다는 증거였다. 감정을 회피하지 말고 받아들이고, 그 속에서 내가 무엇을 배우고 느낄 수 있는지 고민해야 했다.

북아메리카 라코타족의 전사 '크레이지 호스'는 이렇게 말했다.

오늘은 죽기에 딱 좋은 날이다. 내 삶의 모든 것이 여기 있으니까.

예전에는 이 말이 두려웠다. 죽음을 담담히 받아들이는 그 담대한 고백이 어쩐지 나와는 멀게 느껴졌다. 그러나 이제는 알 것 같다. 그가 말한 '삶의 모든 것'이란 찬란한 순간들만 뜻하지는 않는다. 나를 울렸던 고통, 나를 흔들었던 좌절, 그리고 가슴 깊이 스며들던 불안, 그 모든 감정, 나를 무너뜨렸던 바로 그것들이야말로 삶을 이루는 진실한 조각들이었다. 그리고 그 속에서 내가 감지했던 작고 미세한 감각들이 모여 지금 이 순간을 만든다.

  그것들은 누구도 대신 살아 줄 수 없는 내 삶의 증표들이며, 언젠가는 나에 대한 가장 진실한 기록이 돼 줄 것이다.

심리학 노트

몸으로 존재를 느끼기

살아 있음은 단순히 머리로 아는 것이 아니다. 통증에 움츠러들고, 근육의 뻣뻣함을 감지하며, 숨을 깊게 들이마시는 순간, 그 모든 사소한 신체 감각이 나의 존재를 증명한다. 우리가 무심히 지나치는 발걸음, 손끝의 온기, 눈에 스며드는 빛과 그림자조차 살아 있음을 알려 주는 증표다.

고통과 불안, 삶의 진실

좌절과 불안, 상실과 두려움은 피해야 할 대상이 아니라 오히려 내가 살아 있다는 증거다. 마음의 무게와 감정의 파도 속에서 나는 스스로를 마주하고 그 안에서 배우고 성장한다. 고통을 회피하지 않고 바라보는 순간, 비로소 삶의 진실과 연결된다.

순간의 힘

인간의 삶은 목표나 영원 속이 아니라 지금 이 순간에 있다. 커피잔의 온기, 차가운 바람, 걸을 때 느껴지는 발바닥의 압력, 이런 평범한 감각들이야말로 살아 있음을 가장 찬란하게 증명한다.

심리적 유연성과 자기 인식

몸과 마음의 제약 속에서도 선택하고 움직이는 경험을 통해 우리는 유연해지고 흔들림 속에서도 자신을 잃지 않을 수 있다. 완벽하지 않고 때로는 부서지는 삶, 그 속에서 내가 느끼고 배우는 모든 순간이 진정한 삶의 기록이 된다.

6-5
자신의
장례식 참석하기

이 세상을 떠날 때 우리가 남기는 것은 발자국이 아니라 사람들의 마음에 남은 이야기다.

-윌리엄 포크너

노무현 전 대통령의 봉하 마을 사저를 설계한 건축가 정기용은 대장암으로 5년을 투병한 끝에 2011년에 세상을 떠났다. 그의 마지막 소원은 아차산의 봄 내음을 맡는 것이었다. 생의 끝자락, 병상에 누운 그는 가족들과 소풍을 다녀온 후 이렇게 말했다고 한다.

"나무도 고맙고, 바람도 너무 고맙고, 하늘도 고맙고, 공기도 고맙고, 모두 모두 고맙습니다."

유언이라 부를 만한 말은 따로 남기지 않았다. 그 착하고 순한 말이 마지막이었다.

정기용 건축의 특징은 자연을 밀어내지 않고 그 안에 스며드는 태도에 있다. 그는 자신의 집을 100만 평이라고 소개하고는 했다. "삶을 조직하는 공간이 나의 집이고, 나의 집은 나의 시선이 닿는 데까지"라는 철학에서 비롯된 말이다. 그는 이렇게 말했다.

> 내가 의지적으로 이동하고 머무는 곳이 나의 집이고 나의 삶이다. 그 영역이 50~100만 평 정도이므로, 사람들이 내가 사는 집이 몇 평이냐고 물을 때 나는 늘 자신만만하게 대답할 준비가 돼 있음을 아주 기쁘게 생각한다.

북악산에서 뻗어 온 낮은 뒷산, 종묘와 창덕궁으로 이어지는 후원, 사연 많은 옥탑방들과 옥상마다 늘어선 화분들까지, 그가 바라본 모든 풍경은 '집'이었다. 그 넓고 조용한 집에 그의 사유가 살고 있었다. 그의 마지막 말과 생의 태도는 삶의 흔적에 대해 진지한 성찰을 하게 한다. 그에게 집이란 단순한 구조물이 아니라 인간과 자연, 그리고 존재하는 모든 것과의 관계를 품은 공간이었다. 그렇게 살아 낸 사람이 죽음을 어떻게 맞이했을지를 상상해 본다. 마지막까지도 자연을, 생명을, 그리고 자기를 둘러싼 세계를 있는 그대로 받아들이며 '존재함' 자체에 감사했던 정기용 건축가의 시선이 참 따뜻하고 고맙다.

정기용에게 집은 삶의 방향을 드러내는 나침반과 같았다. 수용전념치료에서 말하는 '가치'가 결과가 아니라 방향이듯, 그가 머무는 공간은 도달점이 아니라 존재하는 방식으로 남은 것이다. 정기용의 공간에 대한 시선은 수용전념치료의 가치 개념과도 통한다.

죽음을 눈앞에 두면 만나는 것

누군가의 죽음을 기억하는 일은 결국 나의 삶을 다시 묻는 일이다. 수용전념치료에는 '자신의 장례식에 참석하기'라는 기법이 있다. 자신의 장례식을 떠올려 보는 것이다.

상상해 보자. 나는 죽음을 맞이한 후 나의 장례식에 참석하고 있다. 나는 조용히 관 옆에 서 있다. 세상에 더는 존재하지 않는 나를 회상하는 사람들의 얼굴을 바라본다. 그들은 나를 어떻게 기억할까? 그들의 마음속에 남은 나의 모습은 어떨까?

내 장례식에 참석하는 상상을 하면 스스로의 삶을 직면하고, 살아온 모든 순간을 다시 한번 마주하게 된다. 나는 이 상상 속에서 과거의 나를 돌아본다. 무엇을 중요하게 여겼고, 누구를 사랑했는지, 그리고 내가 남긴 흔적은 어떤 모습이었는지를.

 내가 진정으로 원했던 것은 무엇이었을까? 나의 선택은 주변 사람들에게 어떤 영향을 미쳤을까? 내가 한 선택과 행동은 사랑했던 사람들에게 어떤 의미로 다가갔을까? 내가 추구했던 꿈, 내가 나눴던 사랑은 그들에게 어떤 흔적을 남겼을까?

 이처럼 자신의 삶을 되돌아보는 순간, 우리는 한 가지 중요한 질문에 닿게 된다. 바로 '당신의 장례식에서 사람들이 뭐라고 말하기를 바라는가?'이다. "그 답이 곧 당신이 지금부터 살아가야 할 방향이다"라는 자기 계발 분야의 저명한 작가 스티븐 커비의 말처럼 이 질문은 우리가 어떻게 살아야 할지를 깨닫게 해 준다.

 장례식에서 사람들은 우리의 성취에 대해 말하지 않을 것이다. 어떻게 살았는지, 내가 어떤 사람으로 그들과 함께했는지 얘기할 것이다. 즉 내 삶의 가치는 내가 이룬 것들이 아니라 내가 어떤 태도로 삶을 살았는지에 달려 있다.

 어떤 삶으로 기억되고 싶은가? 이 질문은 죽음이 아니라 삶을 향해 있다. 가치는 추상적인 개념이 아니다. 삶의 모든 날 속, 내가 선택하는 작고도 반복적인 행동에 투명하게 드러난다. 가치는 거창하고 심오한 무엇이 아니다. 어떤 방식과 모습으로 존재하겠다는 담대한 다짐이다.

📝 심리학 노트

자신의 장례식에 참석하기를 통해 삶을 관조하는 명상을 해 보자.

지금, 편안한 자세로 앉거나 누워 봅니다.
두 눈을 감고, 천천히 숨을 들이마십니다.
숨이 들어오고 다시 나가는 단순한 흐름에 마음을 실어 봅니다.

지금은 아무것도 바꾸려 하지 않아도 좋습니다.
당신은 단지 '존재하는 자'로서 이 자리에 머무릅니다.
이제 상상 속에서 한 발짝, 당신은 자신에게서 물러납니다.
감정에서, 생각에서, 이름과 역할에서 물러나
조용한 관찰자의 자리에 앉습니다.

당신 앞에 하나의 장면이 펼쳐집니다.
사람들이 모여 있는 조용한 공간.
그곳은 당신의 장례식입니다.
당신은 그 자리에 참석한 자입니다.
죽은 사람이 아니라 살아 있는 관찰자로서
자신의 삶이 어떻게 기억되는지를 지켜보는 자입니다.

사람들이 말하기 시작합니다.
어떤 이의 목소리는 떨리고,
또 다른 이는 침묵으로 당신을 기립니다.

누군가는 웃고, 누군가는 흐느낍니다.
기억들은 하나의 흐름처럼 흘러갑니다.

"그 사람은 참 진심이었지."
"가끔 괴팍했지만, 묘하게 따뜻한 사람이었어."
"끝까지 자기 길을 갔던 사람이었어."
"나는 그 사람이 나를 있는 그대로 봐 줬다는 걸 잊지 못할 거야."

이 말들을 당신은 아무 판단 없이 듣습니다.
그것은 당신이라는 한 생의 흔적입니다.
사랑과 미움, 연민과 오해, 웃음과 고요함으로 이뤄진 한 존재의
궤적입니다.

그리고 묻습니다.
무엇이 나의 삶을 이루고 있었는가?
나는 무엇을 따르며 살았는가?
어떤 가치를, 어떤 진실을 좇으며 하루하루를 살아왔는가?

당신은 기억 속의 삶을 따라 천천히 걸어갑니다.
누군가와 나눴던 말들, 품었던 소망들, 끝내 하지 못했던 고백들.
당신은 그 모든 것을 판단 없이 바라봅니다.
그것은 단지 지나간 장면이 아니라
당신을 지금 이 자리까지 데려온 길이었습니다.

장례식이 끝나고 사람들이 천천히 자리를 떠납니다.
조용해진 공간에 혼자 남아 당신은 하늘을 올려다봅니다.
그리고 그곳에 당신은 더 이상 존재하지 않지만,
지금 이 명상을 하는 당신은 여전히 살아 있습니다.
삶은 아직 끝나지 않았습니다.

이 순간 이후의 시간을 어떻게 살아갈 수 있을까요?
삶은 한 순간도 유예할 수 없습니다.
당신은 지금도 선택하고 있습니다.
작은 친절, 진심 어린 말, 침묵의 품위, 혼자만의 시간, 누군가를 향한 사랑….
그 모든 것을 지금 이 순간부터 다시 시작할 수 있습니다.

이제 숨을 깊이 들이마십니다.
그리고 천천히 내쉽니다.
지금 당신은 다시 자신의 자리로 돌아오고 있습니다.
당신의 몸, 당신의 호흡, 그리고 당신의 현재로 돌아옵니다.
이 모든 것이 아직 여기에 환하게 살아 있습니다.

마지막으로,
마음속에 하나의 문장을 떠올려 봅니다.
'지금, 이 삶을 선택하겠다.'
또는
'나는 내가 소중히 여기는 방향으로 살아가겠다.'

그 문장을 가슴에 가만히 놓아두기를 바랍니다.

오늘의 삶을 이끄는 등대가 돼 줄 것입니다.

눈을 천천히 뜨고, 손끝을 움직입니다.
이제 명상은 끝났지만,
삶은 지금 이 순간부터 다시 시작됩니다.
당신은 여전히 여기에 있습니다.
그리고 때로는 그것만으로도 충분합니다.

7장

불완전한 채로 완전히 살기

전념

7-1
중요한 문제들은
전 생애로 대답한다

중요한 것은 결국 전 생애로 대답한다는 것일세.

-《열정》, 산도르 마라이

산도르 마라이의 소설 《열정》에서 주인공 헨릭은 아내와 친구 콘라드가 부정을 저지른 것을 알게 된다. 그러나 그는 침묵을 택한다. 침묵은 단죄인 동시에 자기를 향한 질문이기도 했다. 결국 아내는 그 고요를 견디지 못하고 스스로 생을 마감한다. 그리고 콘라드는 자신을 유배시키듯 어느 날 갑자기 사라져 버린다. 남겨진 헨릭은 삶의 가장 깊은 골짜기에서 말없이 41년을 홀로 살아간다. 그리고 헨릭도, 콘라드도 인생을 거의 다 살아 노년이 된 어느 날, 서로는 마침내 마주 앉는다. 그리고 헨릭은 그동안 침전되어 있었던 말들을 그 하룻밤에 모두 쏟아 낸다.

우리는 가치에 따라 행동할 수도 있고 외면할 수도 있다. 그러나 선택은 언제나 남는다. 그리고 그것이 결국 한 사람의 생애를 만든다. 나는 아이들에게 '사랑'이라는 가치를 말로 설명한 적도 있고, 아이들의 손을 붙잡고 밤바다를 바라보며 그 사랑을 살아 낸 적도 있었다. 그때 나는 말보다 절실했을까? 어쩌면 나의 삶 전체가 결국 내가 사랑을 어떻게 이해했는지를 보여 주는 가장 정직한 기록이 아닐까?

산도르 마라이의 소설 속에서 "중요한 것은 결국 전 생애로 대답한다는 것일세"라는 문장을 만났을 때 나는 심장이 덜컥 내려앉는 듯한 전율을 느꼈다. 관념과 실제의 간극이 단숨에 떠올랐다. '관념'은 머릿속에서 그려 낸 이상적인 세계이고, '실제'는 우리가 몸으로 부딪치며 살아야만 하는 세계다. 그리고 때로는 이 둘 사이의 거리가 잔혹할 만큼 멀다. 머릿속에서 아무리 고결하고 정제된 답을 마련해도 삶은 그것을 받아들이지 않는다. 삶은 질문을 던지고, 우리는 말이 아니라 생애 전체로, 살아 낸 방식으로 대답할 수밖에 없기 때문이다.

산도르 마라이는 《열정》에서 이렇게 말한다.

다 지나간 지금, 자네는 사실 삶으로 대답했네. 중요한 문제들은 결국 언제나 전 생애로 대답한다네. 그동안 무슨 말을 하고, 어떤 원칙이나 말을 내세워 변명하고, 그런 것들이 과연 중요할까? 결국 모든 것의 끝에 가면 세상이 끈질기게 던지는 질문에 전 생애로 대답하는 법이네. 너는 누구냐? 너는 진정 무엇을 원했느냐? 너는 어디에서 신의를 지켰고, 어디에서 신의를 지키지 않았느냐? 너는 어디에서 용감했고, 어디에서 비겁했느냐? 세상은 이런 질문들을 던지지. 그리고 할 수 있는 한, 누구나 대답을 한다네. 솔직하고 안 하고는 그리 중요하지 않아. 중요한 것은 결국 전 생애로 대답한다는 것일세.

헨릭은 오랜 세월을 침묵으로 응답했다. 친구와 아내의 부정을 알았지만 말하지 않았고, 오히려 말하지 않음으로써 모든 것을 말했다. 어쩌면 그에게 침묵은 곧 삶이었고, 그 삶이 곧 그의 대답이었을 것이다.

감정을 안고도 삶의 방향을 선택하는 실천

나 역시 삶이 던지는 근원적인 질문에 응답해야 하는 시기를 통과한 적이 있다. 삶은 가끔 아무 예고 없이 우리를 멈춰 세운다. 이전까지는 당연하게 흘러가던 일상이 어느 날 갑자기 낯설고 위태롭게 느껴질 때 우리는 묻게 된다. '왜 나에게 이런 일이?', '앞으로 나는 어떻게 살아가야 할까?'라고. 유방암 진단을 받았을 때가 바로 그런 순간이었다.

수술과 방사선 치료를 차례로 받으며 나는 그저 하루하루를 견디는 데 집중했다. 그런데 그 과정이 끝난 후에도 치료의 부작용 때문인지 혹은 다른 문제 때문인지 수술한 오른쪽 가슴이 때때로 욱신거렸고, 어떤 날은 날카로운 통증이 갑작스럽게 지나가고는 했다.

그럴 때면 내 몸은 자동적으로 긴장 상태에 돌입했다. 근육이 굳고, 호흡이 가빠지며, 마음이 조급해졌다. 마치 전쟁터에서 경고음을 듣는 군인처럼 나는 본능적으로 위협을 감지했다. 그럼 내 머릿속에 수많은 질문이 한꺼번에 밀려들었다.

'왜 이러지?'
'뭐가 잘못된 걸까?'
'혹시 재발은 아닐까?'
'그럴 리 없어, 그럴 리 없어.'

이런 순간들이 반복되면서 나는 내 몸에서 발생하는 미세한 감각 하나하나를 경계하고 점점 더 불안에 휘둘리게 됐다. 마음 깊은 곳에서 두려움이 일렁였다. 아무리 애써 괜찮은 척을 해도 영원히 이 불안에서 벗어날 수 없을 것 같았다.

그런 시간이 쌓여 가면서 나는 조금씩 방향을 바꾸기 시작했다. 언제부터인가 불안과 두려움이 나에게 싸움을 거는 대상이 아니라 조용히 내 곁에 머무는 존재처럼 느껴지기 시작한 것이다.

불안은 내가 제거해야 할 적이 아니라 함께 살아가야 할 조건임을 서서히 이해하게 됐다. 나는 그것을 받아들이고, 그 곁에 머물며, 일상의 리듬을 놓치지 않도록 나를 단련하는 쪽을 택했다. 그리고 그 방법 중 하나가 바로 글쓰기였다.

슬픔은 때때로 나 자신처럼 느껴진다. 내가 그것에 삼켜지는 것이다. 그러나 '슬프다'는 말을 꺼내 글로 쓰는 순간, 나는 그 슬픔을 바라볼 수 있게 된다. 글쓰기는 슬픔을 내 안에서 분리해 내는 작업이다. 슬픔은 더 이상 나를 삼키지 못하고, 내 바깥에 놓인 무엇이 된다. 그렇게 글쓰기는 감정을 객관적으로 바라보는 거울이자 치유의 도구가 됐다.

돌아보면 삶은 늘 나에게 질문을 던지고 있었다. 지금 너는 어디에 있느냐고. 이 고통 속에서 어떤 선택을 할 것이냐고. 나는 그 질문들에 눈물로, 침묵으로, 글로, 때로는 아주 조심스러운 한 걸음으로 응답해 왔다. 그리고 중요한 점은 그 물음 앞에서 내가 완전히 무너지지 않았다는 것이다. 불안을 품은 채로도 나는 걸음을 멈추지 않았다. 어쩌면 멈추지 않았다는 것 자체가 응답일지도 모른다. 살아 낸 시간은 지워지지 않는다. 고통을 지나온 사람만이 가진 증거이자 다시 걸을 수 있는 힘이다.

산도르 마라이의 소설처럼 열정은 타오르는 감정이 아니라 결국 '견디는 것'이라는 사실을 이제는 조금 알겠다. 불안 앞에서 무너지지 않기 위해 이를 악물었던 날들, 눈물을 삼키며 겨우 하루를 지탱했던 순간들 속에 내가 있었다. 그리고 나는 그 모든 시간을 견뎌 냈다. 견딘다는 것은 포기하지 않고 사랑하는 일이며, 두려움 속에서도 삶을 향해 몸을 기울이는 일이다. 오늘도 나는 두려움을 품은 채, 그러나 진심을 다해 삶을 견디고 있다.

심리학 노트

수용전념치료에서 말하는 '전념'은 단순히 어떤 목표를 향해 노력하거나 끈기 있게 행동하는 것을 의미하지 않는다. 전념은 감정과 생각이 어떻든, 삶에서 진정으로 중요하게 여기는 가치에 기반해 의미 있는 행동을 선택하고 실천하는 태도다.

살다 보면 누구에게나 원하지 않는 감정과 고통스러운 경험이 찾아온다. 많은 사람은 그런 감정이 사라진 다음에야 무언가를 시작할 수 있다고 생각한다. 불안이 가라앉아야 외출할 수 있고, 두려움이 사라져야 관계를 회복할 수 있으며, 슬픔이 없어져야 다시 일상으로 돌아갈 수 있다고 믿는다. 하지만 감정이 여전히 살아 있는 순간에도 우리는 선택할 수 있다. 무엇을 느끼든 우리는 여전히 자신이 중요하게 여기는 방향으로 한 걸음 내디딜 수 있다.

전념은 삶의 가치와 연결돼야 한다. 여기서 말하는 '가치'는 성취 목표나 사회적 기준이 아니라 자신에게 진정으로 중요한 삶의 태도나 방향이다. 예를 들어, 연결, 정직, 돌봄, 창조, 자유 같은 것들이다. 전념은 이 가치를 단지 머릿속에 간직하는 데 그치지 않고, 그것을 실제 삶 속에서 구현하려는 꾸준한 노력이다.

결국 전념은 삶을 다시 살아가는 방식이자 태도다. 감정이나 생각에 끌려가며 멈춰 서 있는 것이 아니라 그것들과 함께 있으면서도 내가 선택한 삶을 살아 내는 일이다. 그 방향이 흐릿해질 때도, 삶의 리듬이 흔들릴 때도, 다시금 나에게 중요한 것이 무엇인지 기억하며 작게나마 움직이는 것. 그것이 수용전념치료가 말하는 전념의 본질이다.

7-2
고통과 기쁨은 같은 문으로 들어온다

그대의 상처는 빛이 들어오는 자리다.

―루미

삶에서 무언가에 특별히 애정을 기울이다 보면 어김없이 고통이 따라온다. 사랑도 예외일 수 없다. 우리는 스스로에게 이렇게 묻기도 한다.

'이토록 죽도록 아파야만 사랑일까?'

하지만 사랑은 원래 완전무결한 위로가 아니고, 언제나 상실과 아픔의 가능성이 함께 깃들어 있다.

사랑은 상실과 이별을 품고 있기에 불완전하다. 어쩌면 그 불완전함 덕분에 지속되는지도 모른다. 그래서 고통은 사랑의 일부가 되고, 아픔은 우리가 진심이었음을 말해 주는 흔적이 된다. 우리가 사랑을 통해 느끼는 아픔과 상처는 그만큼 누군가를 진심으로 품었다는 증거인 것이다.

이와 마찬가지로 우리가 사회나 세계에 진심 어린 관심을 품을 때에도 고통은 피할 수 없이 따라온다. 기아 문제에 마음을 쓰는 사람이라면 삐쩍 마른 손과 커다란 눈망울 속에 담긴 절망, 무력한 시선을 외면할 수 없을 것이다. 환경 파괴를 심각하게 여기는 사람이라면 바다 위를 떠도는 플라스틱, 녹아내리는 빙하, 불타는 숲과 오염된 강을 그냥 지나치지 못할 것이다.

그 고통은 단지 '불쾌한 정보'가 아니다. 우리 존재가 세상에 응답할 때 따라오는 감각이다. 피할 수 없고, 때로는 피해서도 안 된다. 아마도 우리에게 중요하다는, 우리가 이미 마음을 열었다는 증거일 것이다. 우리가 느끼는 고통만큼 우리는 연민을 느끼고, 그 고통이 우리를 움직인다. 괴로움을 없애기 위해서가 아닌, 우리가 깊이 품고 있는 어떤 가치로 향하기 위한 움직임이다.

그렇게 고통은 방향이 되고 우리는 행동한다. 누군가는 글을 쓰고, 누군가는 거리로 나선다. 누군가는 분리수거함 앞에 멈추고, 누군가는 아이를 안는다. 작고 사소해 보이는 행동들의 시작에는 사실 고통이 있다. 이때 우리는 고통을 없애려 행동한 것이 아니다. 고통을 인식하고 품은 채 그 행동에 전념한 것이다. 이를 통해 우리는 더 넓고 깊은 삶과 연결된다.

고통을 피하고 싶은 사람이라면

수용전념치료라는 이름은 단지 이론적 접근을 넘어 실제로 우리가 '행동'으로 나아가야 한다는 강렬한 메시지를 내포한다. 스티븐 헤이스는 이 이름을 통해 치료가 단지 정신적인 사고에 그치는 것이 아니라 삶의 실천적 변화로 이어져야 함을 강조하고자 했다. 그리고 그 변화의 시작은 바로 우리가 매일 경험하는 고통과 마주하는 태도에서 비롯된다. '수용하고, 전념하라'라는 말은 우리가 통제할 수 없는 고통을 억누르고 싸우는 대신 그것을 받아들이고 진정으로 중요한 방향을 향해 행동하라는 제안인 것이다.

우리가 겪는 어떤 고통은 레몬 같다. 한입 베어 물기만 해도 눈썹이 하늘로 솟고, 볼살은 저절로 구겨지는 맛. 누구라도 본능적으로 고개를 절레절레 흔든다. 이걸 왜 먹나 싶은 마음이 든다. 하지만 레몬이 오렌지를 흉내 내다 실패한 과일은 아니다. 레몬의 신맛과 쓴맛을 있는 그대로 받아들일 때에야 비로소 숨어 있던 생기와 향, 빛나는 노란 기운 같은 것들이 얼굴을 내

민다. 기꺼이 그 맛들을 받아들일 때, 우리는 레몬을 상큼하고 달달한 레몬에이드로 바꿀 여지를 갖게 된다.

'상처받지 않으려면 애초에 관심을 갖지 말아야지.'

우리는 종종 이렇게 마음을 다잡으며 고통을 피하려 한다. 하지만 아이러니하게도 그런 태도는 누군가나 무엇인가를 진심으로 사랑하고 아낄 때 생기는 생생하고 따뜻한 상처보다 더 깊고 차가운 상처를 남길 수 있다. 우리 스스로가 진실한 방식으로 삶을 영위하지 못할 때 느끼는, 생기 잃은 산송장 같은 아픔이다.

삶의 가장 큰 기쁨은 가장 커다란 고통과 같은 문을 통해 들어온다는 점을 기억해야 하지 않을까. 고통을 피하려다 기쁨의 문까지 함께 닫아 버리는 실수는 너무나도 아쉽다. 나는 이 책을 펼쳐 든 당신이 그 문 앞에서 오래 머물러 본 사람이라고 느낀다. 당신은 그동안 알 수 없는 이유로 그 문틈에 손끝을 걸친 채 살아왔지만 여전히 문을 열고 싶어 할 것이라고 나는 믿는다. 어쩌면 당신이 피하려 했던 취약함은 사실 당신이 가장 소중히 여겨 온 모든 것의 시작일지도 모른다. 그러니 취약함을 받아들이는 일이야말로, 당신이 중요하게 여기는 삶을 향해 나아가는 방법일 수 있다.

삶에서 겪는 모든 경험이 우리를 깊고 넓은 존재로 성장시킨다. 고통은 우리가 더 나은 방향으로 나아가기 위한 등불이라는 점을 기억하자. 그 고통 속에서 우리는 조금씩 성장해 나갈 것이다.

📝 심리학 노트

내담자: 저는 감정이 올라올 때마다 스스로한테 자꾸 이렇게 말하거든요.
'지금 울면 안 돼. 무너지면 안 돼.'
그런 식으로 몇 년을 버텼어요. 그런데 요즘은 그런 말도 잘 안 먹히더라고요. 아무 일 없는 듯 지내기가 점점 더 힘들어져요.

상담자: 그동안 참 많은 짐을 혼자 안고 오셨군요. 스스로를 다그치면서라도 버티셨던 거, 그게 여태까지의 생존 방식이었겠죠. 그런데 이제 그 방식이 예전처럼 잘 작동하지 않는다는 느낌이 드시나 봐요.

내담자: 네. 무너지면 안 된다는 말이 이제는 공허하게 느껴져요. 사실은 그냥 누군가한테 힘들다고 말하고 싶었던 것 같아요. 그런데 그렇게 할 사람이 없어요. 아니, 있었는데 제가 먼저 마음의 문을 닫았던 것 같기도 해요.

상담자: 그 힘들다는 말, 참 오래 마음속에 담아 두셨나 봐요. 말해도 괜찮은 순간이 있었더라도 참으셨던 거죠. 혹시 그 말 뒤에 숨겨진 마음은 무엇이었을까요?

내담자: 저도 누군가한테 기대고 싶었어요.

'나는 이렇게 아프다, 나 좀 안아 줘.'

그런 말이 너무 유치하다고 생각했는데, 요즘은 자꾸 생각나요.

상담자: 네, 유치한 게 아니라 진심인 말이네요. 기대고 싶다는 마음, 안아 달라는 바람, 그런 갈망은 우리가 약해서 느끼는 게 아니라 그만큼 누군가와 연결되고 싶다는 아주 인간적인 마음에서 나오는 거예요. 지금 그 마음을 이렇게 조심스럽게 꺼내 주셔서 고맙습니다.

내담자: 제가 이렇게 말하고 있는 것도 신기해요. 예전에는 이런 말을 꺼내는 것 자체가 부끄러웠거든요. 그런데 어쩌면 이 마음이, 제가 계속 외면했던 진짜 나였나 싶어요.

상담자: 맞아요. 그 마음은 오래 품어 온 진심이겠죠. 사실 우리가 가장 아픈 감정을 느끼는 이유는 우리가 가장 소중히 여기는 것을 만져서예요. 고통이 따라오는 것은 그만큼 사랑하고 싶은 마음, 연결되고 싶은 마음이 여전히 살아 있다는 뜻일 수도 있어요.

내담자: 그렇게 생각하니까 좀 덜 두려워요. 아픈 것도 내가 아직 살아 있다는 증거일 수 있다는 말, 지금은 받아들일 수 있을 것 같아요.

상담자: 아픔을 피하려고만 하지 않고 그 아픔 안에서 진짜 원하는 삶이 무엇인지 바라보기. 지금 그걸 시작하셨다고 생각해요.

7-3
놀이처럼 존재하라

어린아이는 천진무구하며 망각이다. 하나의 출발이며 하나의 놀이다. 자전하는 수레바퀴며, 최초의 운동이다. 그리고 신성한 긍정이다.

-니체

초등학교 선생님이 아이들에게 산수 문제 하나를 냈다.

"학교에서 문방구를 거쳐 집까지 가는 방법은 몇 가지일까요?"

그림을 보니, 학교에서 문방구까지는 두 갈래, 문방구에서 집까지는 세 갈래다. 그러니 2 곱하기 3, 정답은 6이다. 그런데

한 아이가 당당하게 '3'이라고 답을 써 냈다. 그리고 자신이 쓴 답 아래에 조그맣고 삐뚤빼뚤한 글씨로 이렇게 덧붙여 놨다.

신나게 간다.
재미나게 간다.
노래를 부르며 간다.

정답은 틀렸지만, 마음은 백 점짜리다. 숫자를 세는 대신 이 아이는 자신의 마음을 셌나 보다. 덜렁거리는 책가방을 메고 역시나 덜렁거리는 신발주머니를 이리저리 휘휘 돌려 가며 신나게, 재미나게, 노래를 부르는 한 아이가 눈앞에 선명하게 떠오른다.

아이는 단순히 목적지에 도달하는 걸 목표로 삼지 않았다. 그 길 위에서 느끼는 기쁨, 즐거움, 그 모든 감정을 함께 셈하고 있었다. 길을 가는 일 자체의 의미를 찾은 것이다. 그 아이에게 길은 단지 목적지로 향하는 여정이 아니라 그 여정에서 발견하는 즐거움과 감동이다. 이것이 바로 전념의 태도다. 전념이란 내가 중요하게 여기는 삶의 가치에 따라 행동을 선택하고 살아가는 일이다. 그리고 어린아이처럼 존재하는 순간 우리는 바로 그 전념을 가장 순수하게 실현한다.

어느 날 늦은 오후, 상담을 마친 후 집으로 돌아가는 길이었다. 너무 피곤했다. 눈이 빠질 것처럼 아팠고, 돌덩이 두 개를 어깨에 얹은 채 하루를 버텨 낸 기분이었다. 한숨과 하품이 번갈아 나왔고, 딱딱하게 굳은 어깨와 목이 나를 짓눌렀다. 하지만 배가 고프다며 징징대기 시작한 아이들을 챙겨야 해서 일단은 빨리 집에 가야 했다. 그날 나는 거의 좀비 상태였다. 목표는 그저 단 하나, 집에 무사히 도착해서 아이들 밥 먹이기.

그러다 문득 '나는 어떤 방식으로 이 길을 가고 있는 거지?'라는 생각이 들었다. 그리고 나는 그 꼬마 아이의 대답을 다시 떠올렸다.

어린아이처럼 존재한다는 것은 단순히 순수하거나 기뻐한다는 뜻이 아니다. 사회적 규범과 기대, 성취에 대한 요구에서 벗어나 내면 깊숙이 자리한 긴장을 내려놓는다는 것이다. 몸과 마음이 자연스럽게 연결되고, 스스로를 해석하거나 평가하지 않고 있는 그대로의 상태로 머무른다는 것이다.

이런 순간에는 성취나 목표에 대한 집착도 자연스럽게 열어진다. 어린아이들은 무언가를 이루고자 움직이지 않는다. 그들은 놀이의 과정 자체를 살아가며, 그 안에서 자신과 세상을 자연스럽게 받아들인다.

어른이 되면 점점 그런 순간이 줄어든다. 일하면서 다음 할 일을 생각하고, 밥을 먹으면서 내일 일정을 걱정하고, 이 일을 하면서 저 일을 비교하고, 그렇게 마음은 늘 여기저기로 흩어져 있다. 우리는 늘 누군가에게 인정받고자 바쁘게 살지만, 정작 자신을 온전히 느끼는 순간은 드물다.

하지만 아이처럼 몰입한다면 다르다. 몰입은 분별을 멈추고, 계산을 멈추고, 내가 하고 있는 행위에 자신을 몽땅 맡기는 일이다. 몰입해서 먹는 음식, 몰입해서 웃는 순간, 몰입해서 걷는 길…. 설명할 수 없는 아름다움이 그 순간들에 깃든다. 어쩌면 삶의 가장 순수한 만족은 누군가가 나를 바라봐 주지 않아도 스스로 자기 존재를 또렷하게 느끼는 몰입의 순간에 있는지도 모르겠다.

가장 선명하게 살아 있는 순간

니체는 그의 저서 《자라투스트라는 이렇게 말했다》에서 낙타, 사자, 어린아이를 비유로 들어 말한다.

니체의 말을 빌리자면 우리는 모두 낙타로 시작한다. 해야 할 일, 지켜야 할 것, 잊지 말아야 할 이름 들에 관한 무거운 짐을 가득 싣고 묵묵히 사막을 걷는다. 이때 우리는 '이것이 옳다', '저건 해서는 안 된다'는 말들을 조용히 받아 적는다. 나는 오래도록 낙타로 살았다. 딸로서, 학생으로서, 직장인으로서, 엄마로서, 아내로서. 그 삶이 나의 선택이라 믿으면서.

그러던 어느 날, 내면의 사막에 바람이 불기 시작하면 우리는 사자가 된다. 원하지 않는다고 말할 수 있게 되고, 나는 나로 살겠다고 외친다. 하지만 사자는 아직 싸우는 존재다. 자유를 향해 달리지만 여전히 과거와 겨루고 있다. 무너뜨리고, 거절하고, 부정함으로써만 자신을 증명하는 존재다. 과거의 억압된 삶에 대항해 분노하거나 저항하는 모습이다. 니체는 말한다. 사자는 자유를 쟁취하지만, 아직 새로운 세계를 만들지 못한다고.

진정한 변신은 그다음에 온다. 어린아이가 등장한다. 어린아이는 놀이처럼 존재한다. 무언가를 성취하려고도, 누군가에게 증명하려고도 하지 않는다. 모래 위에 성을 짓고, 부서지면 다시 짓는다.

요즘 나는 아이처럼 지내 보려 애쓴다. 요가 매트 위에서 몸을 비틀며 숨을 들이쉬고 내쉴 때 그 순간이 나의 전체인 것처럼 살아 본다. 사랑을 줄 때는 사랑 그 자체로, 무언가를 할 때는 그 행위에만 깃들어서. 세상에 보여 주기 위한 삶이 아니라 내 안에 깃드는 삶을 살려고 노력한다.

우리가 가는 길은 정해져 있지만, 그 길을 어떻게 걸을지는 전적으로 내 선택에 달려 있다. 내가 창조하는 놀이이자 나의 여정이다. 니체는 "창조라는 놀이를 위해서는 신성한 긍정이 필요하다"라고 했다. 편견과 고정 관념의 껍데기를 벗고 삶을 긍정하는 일, 삶을 사랑하는 일이 무엇보다 중요하다는 전언이다.

📝 심리학 노트

'몰입(flow)'은 심리학자 미하이 칙센트미하이가 정의한 개념으로, 한 활동에 완전히 빠져들어 시간의 흐름과 자아에 대한 의식이 사라지는 상태를 말한다. 아이들이 놀 때처럼 오로지 행위 자체에 푹 빠질 때 우리는 외적 보상도, 타인의 시선도 잊고 살아 있음의 진한 감각을 경험한다.

수용전념치료에서는 이를 '전념 행동(committed action)'이라는 개념과 연결해 설명한다. 전념이란 억지로 꾸역꾸역 뭔가를 해내는 것이 아니라 자신이 진정으로 중요하게 여기는 가치와 연결된 방향으로 행동하는 것이다. 목표보다 방향, 성취보다 의미에 무게를 두는 태도다. 몰입은 그 전념의 한 방식이다.

'잘하기 위해서'가 아니라 '살아 있기 때문에' 몰입하고, 누군가에게 보여 주기 위해서가 아니라 나 자신과 삶을 깊이 연결하기 위해 어떤 순간에 나를 던지는 것. 몰입은 단순한 집중의 기술이 아니라 삶의 의미를 느끼는 태도이며 존재를 증명하는 방식이다.

7-4
절망 속에서 춤추는 거인의 흔적

보스! 인간이란 건 바보 같은 거요. 모든 걸 너무 많이 생각하지요. 그러다 보면 삶을 놓쳐 버려요.

－《그리스인 조르바》, 니코스 카잔차키스

헤이스 등에 따르면 심리적 유연성이란 "자극을 유발하는 사적 경험에 융합되지 않고, 그것을 있는 그대로 수용하며, 현재의 순간과 연결된 채로 자기 인식의 넓은 틀 속에서 자신의 가치와 삶의 목적에 접촉하고, 그것을 실현하기 위한 전념적 행동을 지속할 수 있는 능력"을 말한다.

조금 더 쉽게 풀면 심리적 유연성이란 우리가 삶에서 중요하게 여기는 가치에 따라 행동하기 위해 지금 이 순간과 연결되고 감정에 휘둘리지 않을 수 있는 힘을 의미한다.

여기, 사회불안장애를 가지고 있는 한 여성이 있다. 이 여성이 겪는 고통은 단순히 사람들 앞에 서는 것에 대한 두려움이 아니다. 그녀의 공포는 실수나 당황스러운 행동으로 인해 자신이 부적절한 존재로 낙인찍힐 수 있다는 신념에서 비롯된다. 사회불안장애는 단순한 수줍음의 문제가 아니다. 자신을 타인의 시선 속에 드러내는 일 자체가 고통스럽다. 그녀는 자신이 어떻게 보일지 감시하는 시선 속에서 살아가며, 실수가 자신을 무가치한 존재로 만들 것이라는 두려움을 느낀다. 실수 그 자체보다는 그 실수로 드러나는 자신에 대한 두려움이다.

그런 그녀에게는 중학생 자녀가 있다. 그런데 어느 날, 아이가 학교 폭력의 피해자가 됐고, 그녀는 학교 폭력 대책 위원회에 참여해 발언해야 하는 상황에 놓였다.

불안이 그녀를 사로잡았다. 그러나 그녀에게는 아이를 지켜야 한다는 간절한 마음이 있었다. 위원회 참석을 앞두고 그녀의 내면에서 상반된 두 목소리가 엇갈렸다. 하나는 익숙한 목소리였다.

'그 자리에 가지 마. 넌 사람들 앞에서 말할 수 없어. 아무리 아이를 위해서라 한들 넌 결국 무너질 거야.'

다른 하나는 조용하지만 강하고 뜨거운 진심의 목소리였다.

'아이를 지켜야 해. 네가 말하지 않으면 아무도 아이의 고통을 알지 못해. 너의 침묵은 아이에게 또 다른 깊은 상처가 될 수 있어.'

그녀는 언젠가 아이가 그녀에게 해 줬던 말이 생각났다.

"엄마, 괜찮아. 그냥 옆에 있어 주기만 해도 좋아."

그녀는 결정했다. 불안을 없애려 애쓰는 대신 그것을 있는 그대로 자신의 옆에 두기로. 그녀는 자신에게 말했다.

'불안은 내 일부일 뿐, 내가 아니야. 나는 이 불안 속에서도 아이를 위해 행동할 수 있어.'

그녀는 천천히 숨을 들이마셨다. 말이 막힐 수도 있고, 눈물이 앞설 수도 있었다. 그러나 그녀는 아이를 위해 자신의 자리를 지키고 싶었다.

회의실 문이 열리고 그녀는 조심스럽게 안으로 들어섰다. 시선들이 일제히 그녀를 향했다. 심장은 터져 나갈 듯 빠르게 뛰었고, 목소리는 입술 끝에서 맴돌았다. 그녀는 준비한 메모를 손에 쥔 채 조용히 말을 꺼냈다. 처음 몇 마디는 소리가 너무 작아서 들리지 않았다. 그러나 말이 이어질수록 그녀의 목소리는 조금씩 단단해졌다. 분노도 비난도 아닌, 단지 한 아이의 삶을 지키고 싶은 마음에서 비롯된 말들이었다. 그녀의 목소리에는 애처로운 불안이 묻어났지만, 그럴수록 그녀는 더 깊게 숨을 들이쉬며 버텼다. 그녀는 그렇게 불안을 등에 업은 채 앞으로 나아갔다.

전념이란, 두려움과 고통 속에서도 자신이 믿는 가치를 향해 행동하는 것이다. 가치 있는 삶이란, 불안이 없는 삶이 아니라 불안을 안고서도 진심으로 가고 싶은 방향으로 나아가는 삶이다. 그녀는 자신의 불안에 굴복하지 않았다. 대신에 그것을 끌어안고 자신이 지키고자 했던 것을 지키고자 있는 힘을 다해 애썼다.

무너진 채로도 나아가는 힘이란

이 지점에서 나는 《그리스인 조르바》를 떠올린다. 작가 니코스 카잔차키스가 창조한 그리스인 조르바는 고통을 밀어내지 않는다. 그에게 고통은 삶의 일부일 뿐, 그것에 눌려 살기를 거부한다. 그는 고통을 받아들이고, 그것과 함께 춤추며, 오히려 그것을 삶의 깊이를 더하는 것으로 만들어 버린다. 그는 삶의 부조리 앞에서 웃고 상실 앞에서 춤춘다. 그리고 계획이 무너진 그 자리에서 노래를 부른다. 그는 삶이 본디 계획대로 흘러가지 않음을 누구보다도 잘 알고 있다. 그럼에도 불구하고 그는 매 순간을 살아 내려는 욕망으로 가득한 인물이다. 그는 두 팔을 벌리고 노을 속을 가르며 소리친다.

춤이야, 인생은 춤이야!

조르바의 몸짓은 생생하다. 그의 발끝에는 삶의 고통이 묻어 있고 그의 손끝에는 잃어버린 것들에 대한 애도가 담겨 있지만, 그는 등을 곧게 세운 채 슬픔을 지고 앞으로 나아간다. 그의 춤은 자유다. 고통을 피하는 대신 끌어안고도 자신으로서 존재하는 자유 말이다. 그는 단지 기쁨의 순간만을 위해 춤추지 않고, 절망의 한가운데에서도 삶을 찬미하고자 춤춘다. 절망 속에서도 삶을 향한 경의를 멈추지 않는 것이다.

수용전념치료에서 말하는 심리적 유연성은 바로 이런 태도를 말한다. 불편한 감정이나 고통스러운 기억을 제거하려 하기보다는 그것들을 품은 채 가치 있는 방향으로 나아가는 힘이다. 그의 삶은 이런 태도를 보여 준다. 그는 무너질 수 있는 순간에 무너지지 않으려 애쓰지 않는다. 다만 그 순간에도 자신이 믿는 방식으로 산다. 세상의 질서에 맞지 않아도, 삶이 망가져 보여도, 사랑하고자 하는 마음만큼은 타협하지 않는 것이다.

조르바가 지식인 친구에게 한 "당신은 아직도 너무 많이 생각해"라는 말은 마치 우리를 두고 하는 것 같다. 너무 많이 망설이고, 너무 많이 계산하고, 너무 자주 두려움의 손을 붙잡지는 않는지 생각해 볼 일이다.

📝 심리학 노트

심리적 유연성이란 고통을 없애려 하기보다 그것을 있는 그대로 받아들이고, 지금 이 순간과 연결되며, 자신이 진정으로 중요하게 여기는 가치에 따라 행동할 수 있는 능력을 말한다. 이때 우리의 마음은 부드러우면서도 단단하다. 휘청일 수는 있지만 부러지지 않고, 주저앉을 수는 있지만 다시 일어날 수 있는 힘이 있다. 글 속 여성은 불안을 제거하려 하지 않고 '사랑'과 '용기'라는 자신의 가치를 붙잡아 전념적 행동을 했다. 그녀가 불안을 등에 업고 회의실로 들어선 행동 자체가 이미 유연성의 발현이라고 볼 수 있다.

7-5
누구나 한 번은 길을 잃고
누구나 한 번은 길을 만든다

사랑받는 이들은 죽을 수 없다. 사랑은 곧 불멸이기 때문이다.

-에밀리 디킨슨

어느 겨울날, 엄마는 마치 장난처럼 세상을 떠났다. 원래는 친구분들과 1박 2일 여행을 떠나기로 했던 날이었다. 유방암 재발로 여러 차례 항암 치료를 견디느라 많이 지쳐 계셨지만, 그래도 어디 조용한 곳으로 훌쩍 나들이를 하고 싶으셨던 모양이다. 하지만 엄마는 결국 여행 가방을 싸다 말고 다시 풀어놓았다. 우리 삼 남매와 아빠는 그 날이 마지막이 될 줄은 꿈에도 몰랐다. 병원 응급실에 모여서도 우리는 아무것도 알지 못했다. 응급실에서는 환자 면회가 제한적이다. 시간도, 인원도 정해져 있다. 그런데 어느 시점이 되자 의료진이 우리에게 담담하게 말했다.

"가족분들 모두 들어오셔서 어머님과 시간 보내세요."

손발이 유난히 차가웠던 엄마. 발병 이후 수술과 항암으로 기력이 부쩍 약해져 여름을 제외하고는 늘 손에 핫팩을 쥐고 지내셨던 엄마. 돌아가시기 직전에도 여러 번 춥다고 말씀하셨다. 하얗고 차가웠던 그날의 응급실 공기. 나는 그 서늘함을 견딜 수가 없었다. 그곳의 공기는 너무 서럽고, 너무 아팠다. 그때 나는 처음 알았다. 사람이 이렇게 쉽게, 생과 사를 넘어설 수 있다는 것을.

엄마가 떠나자 나는 정신을 차릴 수가 없었다. 세상이 완전히 거꾸로 뒤집힌 것 같았다. 먹을 수도, 잘 수도 없었다. 침대보를 칭칭 휘감고 거꾸로 매달려 있는 느낌이었다. 어지럽고 휘청거렸지만, 발 디딜 곳이 어디에도 없었다. 엄마가 이렇게, 정말로 영영 내 곁을 떠났다는 사실을 도무지 받아들일 수 없었다. 나의 모든 우주가 갑자기 싸늘한 죽음으로 가득 차 버렸다.

그때 나를 일으켜 준 책이 있다. 미국 작가 셰릴 스트레이드의 자전적 이야기 《와일드》다. 그녀 역시 삶의 전부였던 엄마를 암으로 갑자기 잃고 무너져 내렸던 사람이다. 삶에 의해 부서진 조각들을 쥔 채, 그녀는 태평양 크레스트 트레일이라는 극단의 여정을 택한다. 94일 동안 캘리포니아에서 캐나다 국경까지 이어진 4,285킬로미터의 거리를 오로지 두 발로 걷는다. 사막을 지나고, 험준한 산맥을 넘고, 협곡과 황무지를 건너는 이 긴 여정은 인간을 사회적 지위도, 과거도 모두 벗어 버린 살아 있는 존재 자체로 만든다.

끝도 없이 이어지는 사막과 산맥, 눈 쌓인 고개와 바람 부는 협곡 위에서 셰릴은 혼자였다. 가끔은 너무 외로워서, 가끔은 너무 두려워서 걸음을 멈추고 주저앉았다. 배낭은 너무 무겁고, 발은 피투성이고, 마음은 오래전 무너져 버린 채였다. 어느 날, 그녀는 캄캄한 저녁 숲속에 앉아 울었다. 텅 빈 어둠 속에서 다 지나가 버린 삶을 붙들고 흐느꼈다. 그 밤, 셰릴은 자기 안에서 무엇인가가 조용히 부서지는 소리를 들었다. 그것은 과거에 대한 후회였고, 붙잡고 있던 분노였고, 사라진 엄마에 대한 미련이었다.

극한의 자연 속에서 셰릴은 외로움과 실패, 후회의 그림자와 함께 걸었다. 누구도 대신해 줄 수 없는 고독 속에서 그녀는 엄마의 부재와 과거의 상처를 있는 그대로 마주했다. 그 길 위에서 그녀는 고통 위에 또 다른 고통을 덮어 잊으려 하던 지난날을 멈추고, 새 삶을 시작할 힘을 얻는다. 셰릴은 그녀의 책에서 이렇게 썼다.

누구나 한 번은 길을 잃고, 누구나 한 번은 길을 만든다.

나 역시 그해 매우 혹독한 겨울을 걸었다. 엄마가 없는 겨울, 아무것도 따뜻하지 않았던 시간들을 견뎌 냈다. 어느 날, 소복이 눈 쌓인 숲속을 걷다가 문득 셰릴이 길 위에서 느꼈을 외로움이 마음에 와닿았다.

고통의 완성이란, 고통도 내 안에서 빛나는 것

게슈탈트 심리학 이론에서는 우리 내면에 떠다니는 미완의 경험이나 감정이 있으면 그것이 마음속에 계속해서 미해결 상태로 남아 삶을 억누른다고 본다. 고통이 닫히지 않고 열린 채 머물러 있으면 우리를 불안하고 혼란스럽게 해, 새로운 출발을 막는 족쇄로 작용한다는 것이다.

그렇기에 고통을 완성하는, 즉 '끝맺음' 짓는 과정이 필요하다. 어둠 속에 손을 뻗어 감싸안아야 한다. 도망치지 않고 아픔과 눈 맞추고, 그 서럽고 뜨거운 무게를 온몸으로 느껴야 한다. 그렇게 완성된 고통은 생의 일부로 오히려 삶을 다시 시작하는 토대가 되기도 한다.

나는 엄마의 부재라는 상처를 그렇게 마주하게 됐다. 고통스러운 감정들을 만나며 굳어 있던 마음을 서서히 녹였다. 어느 순간, 고통이 완성됐다고 느꼈다. 나는 그 안에서 비로소 다시 걷기 시작했다. 고통의 완성은 아픔이 끝났다는 의미가 아니다. 그것은 삶의 어두운 순간조차 내 안에서 조용히 빛으로 바뀌기 시작했다는 뜻이다. 그 빛을 따라 걷는 동안 나는 알게 됐다. 엄마는 여전히 내 안에서 살아 있다는 것을. 고독 속을 걷는 동안 나는 엄마를 가장 가까이 느낄 수 있었다. 바람이 지나가는 소리, 발밑에서 얼음 조각이 부서지는 소리, 흐린 겨울 하늘, 그 모든 것이 엄마의 숨결처럼 느껴졌다. 걸을 때마다 엄마가 마음속에서 살아났다. 엄마는 사라진 것이 아니었다. 보이지 않는 방식으로, 내 안에 스며든 것이었다.

나는 알 수 있었다.
엄마는 내 안에 있었다.
엄마는 나의 일부가 됐다.

셰릴 스트레이드의 책을 원작으로 한 영화에서 가장 인상 깊었던 장면은 어릴 적 셰릴이 엄마, 동생과 함께 춤을 추던 순간이다. 낡고 소박한 거실, 빛바랜 커튼 사이로 스며드는 따뜻한 햇살, 작은 오디오에서 흐르는 음악. 거실 한복판, 닳아 해진 카펫 위에서 셋은 손을 맞잡고 서로 빙글빙글 돌며 자유롭게 움직인다. 그 장면이 내 마음 한가운데에 오래도록 따뜻하게 남은 이유는 나도 그렇게 환하고 따스한 엄마의 조각들을 품고 있어서일 것이다. 그리고 그 힘으로 분명 다시 일어설 것임을 직감했기 때문인지도 모른다.

오늘도 나는 엄마를 가슴에 안고서 하루를 산다. 나도 셰릴처럼 슬픔의 황야에서 나 자신을 잃어버린 후에야 그곳에서 빠져나오는 길을 찾아낼 수 있었다. 비로소 엄마와 연결됐던 탯줄을 끊어 낸 나는 엄마를 내 안에 품은 채 이대로 오롯하게 자유롭다.

📝 심리학 노트

게슈탈트 심리학은 인간이 경험을 전체적(holistic)으로 지각하고자 하는 경향이 있다고 본다. 이 이론에 따르면, 감정이나 사건이 심리적으로 완결되지 않은 상태로 남아 있을 경우(예: 말하지 못한 이별, 표현되지 않은 슬픔, 이해되지 않은 분노 등), 그것은 마음속에서 '미완의 형태(unfinished gestalt)'로 존재하게 된다. 이런 미해결 경험은 시간이 지나도 사라지지 않고 무의식에 잔류하며, 반복적으로 감정적 긴장을 유발하거나 현재의 삶에 부정적인 영향을 미칠 수 있다.

이런 감정을 치유하기 위해서는 그 경험을 다시 불러와 의식적으로 마주하고 감정적으로 완성하는 과정, 즉 '닫는 일'이 필요하다. 단순히 기억을 회상하는 것이 아니라 그 감정을 충분히 느끼고, 언어화하거나 행동으로 표현함으로써 더 이상 그것이 열린 채로 남아 있지 않도록 정서적 '닫힘'을 제공해야 한다.

예를 들어, 다음과 같은 방법들이 감정의 완결에 도움이 된다.

- 감정을 솔직하게 말로 표현하거나 글로 써 보는 것.
- 눈물, 몸의 떨림 등 신체 반응을 억제하지 않고 경험하는 것.
- 그때 하지 못했던 말이나 행동을 상상 속에서라도 해 보는 것.
- 안전한 관계나 상담 환경에서 그 감정을 충분히 공유하고 공감받는 것.

이런 경험은 심리적 에너지의 흐름을 회복시키고, 억눌린 감정에서 해방되도록 도와줄 수 있다. 감정이 완결될 때 우리는 더 이상 과거에 얽매이지 않고 현재를 더 자유롭고 통합된 상태로 살아갈 수 있다.

8장

감정의
고통으로부터
자유로워지기

지속 가능한 삶

8-1
깨진 틈을
금으로 메우는 마음

오랜 세월이 지나도 우리는 여전히 미칠 수 있고, 화를 낼 수
있다.
오랜 세월이 지나도 우리는 여전히 소심하거나 질투하거나
무가치하다는 감정으로 가득 차 있을 수 있다.
중요한 것은 우리 자신을 내동댕이치지 않고 더 나은 무엇이
되는 것이다.
이미 있는 그대로의 우리 자신과 친구가 돼 주는 것이다.

-페마 초드론

매일이 평온할 수는 없다. 며칠 전, 나는 결국 아이들에게 화를 참지 못하고 버럭 소리를 질러 버렸다. 아침부터 몸과 마음

이 지쳐 있었고, 하교한 아이들을 반갑게 맞이할 여유조차 없을 만큼 할 일들이 산더미처럼 쌓여 있었다. 아이들은 잠깐 내 눈치를 보더니 이내 그러려니 하는 표정으로 각자의 자리로 흩어졌다.

나는 하던 일을 멈추고 저녁 준비를 시작했다. 냉장고를 열어 이것저것 꺼내던 중 전날 대형 마트에서 사온 토마토주스를 집어 들었다. 그런데 문득 눈에 들어온 유통 기한이 이상했다. 무려 1년이나 지난 상태였다. 뭔가 잘못됐다는 걸 인식하자마자 억눌렀던 감정이 걷잡을 수 없이 솟구쳤다. 하루 종일 쌓인 짜증과 피로가 한꺼번에 터져 나왔다. 사소한 일들마저 나를 공격하는 것 같았고, 억울함과 분노가 뒤엉켜 온몸을 휘감았다.

이미 뒤틀릴 대로 뒤틀린 마음을 안고, 나는 씩씩거리며 마트 고객 센터에 전화를 걸었다. 정말 아무나 제대로 걸렸으면 좋겠다는 복수심 같은 감정도 올라왔다. 그러나 전화 연결은 커녕 AI 상담원과 몇 차례 얘기하는 단계를 거쳐야 했고 나는 분노를 꾹꾹 눌러 가며 유통 기한이 보이게 사진까지 찍어 전송한 끝에야 겨우 사람과 대화할 수 있었다.

잠시 후 나는 상담사의 답변을 되풀이하며 눈살을 찌푸렸다. 이상이 없다니, 어처구니없는 말이었다. 더는 참을 수 없어 부엌에 쪼그리고 앉아 "악!" 하고 소리를 질렀다. 그러고는 상담사에게 따지듯 되물었다. 그때 큰아이가 만화책을 내려놓고 조심스럽게 내게 다가왔다.

"엄마, 왜 그래?"

나는 이 상황을 설명하려고 스마트폰 화면을 보여 줬다. 그때 문득 눈에 들어온 문장이 있었다.

"수입 상품이라 유통 기한 표기 방식이 다릅니다."

짜증과 억울함에 휩싸여 처음에는 제대로 읽지도 않고 완전히 놓쳐 버린 문장이었다.

"엄마가 잘못 안 건데, 왜 사과하지 않아?"

아이의 조심스러운 말은 내게 비난처럼 들렸다. 그 말 한마디가 내 안에 남아 있던 감정의 뚜껑을 완전히 열어젖혔다. 억울함과 창피함이 한꺼번에 몰려왔다. 아이가 나 대신 사과하겠다며 스마트폰을 빼앗으려 하자 나는 완전히 폭발하고 말았다.

"엄마가 알아서 한다는데 왜 그래! 너는 왜 엄마를 자꾸 가르치려 들어?"

나는 발악하듯 소리를 질렀다. 내가 그토록 되고 싶지 않던 그런 어른의 얼굴을 하고 있었다. 몸과 마음을 알아차리고 좋은 말과 행동을 하겠다고 다짐하던 모습은 온데간데없었고, 대신 부엌 구석에 쪼그려 앉아 억울하다고 소리치는 내가 있었다. 나 자신에게 실망스러운 하루였다. 정말 내가 이 정도밖에 안 되는 사람인가 싶었다.

내 감정의 밑바닥에는 수치심이 있었다. 단지 상황을 잘못 처리한 것이 아니라 내가 본질적으로 잘못된 사람이라는 느낌이 몰려왔다. 순간, 나라는 존재 전체가 문제라는 생각이 들었다. 이건 단순한 후회나 반성이 아니다. 수치심은 실수 하나를 내 존재 전체로 확장시키고 그 위에 자기 비난을 덧입힌다.

어쩌면 그때 나는 누군가가 나를 위로해 주기를 바랐는지도 모르겠다. 하지만 나는 스스로에게조차 위로받지 못했다. 자기 비난은 언제나처럼 빠르게 나를 집어삼켰다. 마치 이 모든 실수가 나라는 사람의 본질을 증명하는 듯 느껴졌다. 나는 그 목소리 앞에서 무력했다.

하지만 비난하는 어두운 소리 너머로 아주 희미하게 다른 목소리도 들려왔다. 조용하고, 부드럽고, 따뜻한 말투였다.

'너도 오늘 정말 힘들었잖아.'
'그럴 수 있어. 정말 그럴 수 있어.'
'아이에게 미안한 마음도, 다시 잘해 보려는 마음도, 그게 너야.'

나는 안다. 수치심은 더 좋은 사람이 되는 데 도움이 되지 않고, 스스로를 숨기게 만들고 관계로부터 도망치게 한다는 것을. 그리고 자기 비난은 책임감처럼 보이지만 끝내 나를 고립시킨다는 것을. 그래서 우리에게는 다른 방식이 필요하다. 더 부드럽고 인간적인 방식. 잘못한 나를 벌하는 것이 아니라, 상처받은 나를 이해하는 방식이 말이다.

수치스럽고 싫은 나를 위로하는 법

크리스틴 네프라는 심리학자는 '자기 연민(self-compassion)'을 이렇게 정의했다.

자기 연민은 괴로울 때 자신에게 친절하게 말을 걸어 주는 태도이며, 실수하는 것이 인간이라는 보편적 사실을 받아들이는 용기이며, 지금 이 순간의 고통을 있는 그대로 바라보는 마음챙김이다.

즉 지금의 나를 있는 그대로 알아차리고 고통 속에서 벗어나기를 바라며 자신을 돌보는 마음이다.

나는 다시 원점으로 돌아가야 했다. 그리고 자기 비난이 아닌 자기 연민으로 하루를 마무리할 용기를 다시 배워야 했다.

일본의 전통 도자기 수리 기법 중 '킨츠기'라는 것이 있다. 그릇이 깨지면 그 틈을 금이나 은으로 메우는데, 그 자리를 감추지 않고 오히려 강조함으로써 새로운 아름다움을 만든다. 킨츠기의 철학은 분명하다. 그릇이 깨졌기에 오히려 더 귀해졌다는 것, 과거의 상처와 실패를 감추지 않고 품고 나아가는 것이다. 우리는 고통이나 실수를 감추려 한다. 그러나 자기 연민은 그 상처를 감추지 않고 애정과 연민으로 보듬는 일이다. 우리는 깨진 조각을 인정하고, 그 틈에 금을 채우듯 따뜻한 말을 건네며 다시 살아가야 한다.

우리는 모두 언젠가 금이 가는 사람들이다. 관계에서, 말을 하다가, 스스로의 기대를 못 이겨 금이 가고 조각이 난다. 그러나 그 틈을 외면하지 않고 금을 덧입히듯 따뜻한 눈으로 바라볼 수 있다면 그 사람은 전보다 더 단단하고 깊어질 수 있다고 믿는다. 그날 나는 아이에게 말했다.

"엄마가 미안해."

그리고 나 자신에게도 속삭이듯 말했다.

"괜찮아, 너도 오늘 정말 힘들었잖아. 그래도 다시 잘해 보려는 그 마음, 그게 너야. 참 고마워."

그렇게 나는 마음의 틈에 천천히 금을 채워 넣었다.

📝 심리학 노트

수치심은 '나는 잘못된 사람일지도 몰라'라는 느낌에서 시작된다. 어떤 실수나 실패를 겪은 뒤 수치심이 몰려오면 우리는 '나'라는 사람 전체가 부끄럽다. 수치심 때문에 의기소침해지고, 관계에서 멀어진다.

자기 비난은 그 일의 책임을 전적으로 자신에게 돌리는 마음이다. 어느 정도의 책임감은 도움이 되지만, 지나친 자기 비난은 마음을 더 아프게 하고 나를 쪼그라들게 한다.

수치심과 자기 비난은 함께 작동하는 경우가 많다. 누구나 실수를 하지만, 그 실수가 '나는 안되는 사람'이라는 생각으로까지 이어지면 마음의 여지가 줄어든다. 이런 감정을 오래 담아 두면 일상에서까지 자신감을 잃는다.

자기 연민은 이런 감정의 굴레에서 나올 수 있는 따뜻한 태도다. 무조건 감싸 주는 자세가 아니다. 자신을 솔직하게 마주하고, 비판 대신 이해와 따뜻함으로 대하자는 것이다. 자기 비난이 나를 다그치는 마음이라면 자기 연민은 나를 일으켜 세우는 마음이다.

8-2
내가 나에게 주는 가장 큰 사랑

이것은 사랑의 행위라고 볼 수 있다. 그렇지 않은가?

어떻게 이 컵이 차를 담고 있으며,

어떻게 이 의자가 단단하게 네 개의 모퉁이를 잡고 있는가.

어떻게 바닥은 내 발가락과 신발을 받아들이는가.

어떻게 발의 밑창은 그곳에 있어야 하는 것을 아는가.

나는 인내에 대해 생각하게 된다.

일상적인 것들에 대해서….

어떻게 옷들은 옷장 속에서 차분히 기다리고

비누는 조용히 그릇들을 건조하며

수건은 어떻게 자신의 피부로 물기를 닦는가.

사랑스럽게 반복되는 계단들은 어떤가?

창문보다 더 관대한 것이 있는가?

-〈일상적인 것들의 인내심〉, 패트 슈나이더

패트 슈나이더의 〈일상적인 것들의 인내심〉은 내가 가장 좋아하는 시다. 이 시를 읽고 나면 평범한 사물들의 고요한 헌신에 주목하게 된다. 차가 식을 때까지 묵묵히 기다리는 컵, 앉는 이의 무게를 묻지 않고 버티는 의자, 젖은 몸을 감싸는 수건, 바람과 햇살을 조용히 들여보내는 창문. 이들은 "받아들일 자격이 있는가?"라고 당신에게 묻는 법이 없다. 대신 그저 거기에 존재한다. 〈일상적인 것들의 인내심〉은 우리 일상 속에서 누군가를 다그치지 않고 조용히 존재하는 것들의 아름다움을 포착해 낸다. 그것들은 아무 말 없이, 그저 제 몫을 다하며 존재를 품고 있다.

우리는 흔히 사랑을 열정이나 감정으로 환원하려 한다. 하지만 때로 사랑은 말없이 있어 주는 일, 다그치지 않고 그 자리에 머무는 일, 존재를 판단하지 않고 품는 일이다. 그런 점에서 찻잔과 수건과 창문은 사랑이다. 존재를 있는 그대로 담고, 닦고, 통과시키는 이 일상적이고 묵묵한 사물들은 우리의 삶이 얼마나 많은 침묵 위에 세워져 있는지를 보여 준다. 그런데 내가 실수했을 때, 지쳤을 때, 마음이 복잡할 때, 나는 나를 감싸 주는가, 아니면 밀어내는가? 나는 나를 부드럽게 받아들이는가, 아니면

과도하게 자기비판적인 목소리로 몰아붙이는가?

우리는 살아가며 수없이 실수하고, 미끄러지고, 쉽게 무너지고는 한다. 잃고 나서야 소중함을 깨닫거나, 고통이 지나간 뒤에야 비로소 의미를 부여할 수 있는 순간들…. 그럴 때 우리는 스스로에게 어떤 말을 건네는지 생각해 보자.

'왜 또 이 모양이야.'
'넌 늘 이런 식이야.'
'조금만 더 잘했으면 좋았을 텐데.'

내면에 들리는 목소리는 무심한 재판관 같다. 하지만 그 목소리를 알아차리는 것만으로도 변화는 시작된다. 반응하는 방식을 바꿀 수 있기 때문이다.

그 가능성을 여는 문, 다정한 초대가 바로 '마음챙김 자기 연민(Mindful Self-Compassion, MSC)'이다. 크리스틴 네프와 크리스토퍼 거머 박사가 개발한 MSC는 자신을 연민의 시선으로 바라보는 마음의 실천이다. MSC의 세 가지 핵심 축은 자기 친절(self-kindness), 공통 인간성(common humanity), 마음챙김(mindfulness)으로, 이 셋은 우리가 고통을 마주할 때 취하는 새로운 태도를 기르도록 돕는다.

그중 자기 친절은 우리가 고통을 겪을 때 스스로를 다그치기보다 다정한 친구처럼 대하는 태도다. 자기비판은 단기적으로 채찍질이 될 수 있으나, 장기적으로는 수치심과 무기력을 강화한다. 반면 자기 친절은 정서적 안전 기지를 형성하고, 고통을 견딜 수 있는 내적 회복 탄력성을 키워 준다는 연구 결과들이 많다.

자기 연민의 세 가지 축

"어떻게 바닥은 내 발가락과 신발을 받아들이는가."

시가 속삭이듯 알려 준다. 모든 존재는 그저 있는 그대로 받아들여지는 방식이 있다는 것을. 우리가 누구의 허락 없이도 땅을 밟을 수 있는 것처럼 스스로를 있는 그대로 받아들이는 것도 그 누구의 승인 없이 가능한 일이다.

MSC 실습 중에는 사랑하는 이가 고통을 겪고 있다고 상상해 보는 것이 있다. 나는 몇 해 전 MSC 워크숍에 참여해서 이 실습을 직접 해 봤다. 워크숍의 리더분이 참가자들에게 질문을 했다.

"당신과 매우 가깝고 소중한 사람이 예상하지 못했던 사건으로 크나큰 고통을 당하고 있는 상황을 상상해 보세요. 그럴 때 당신은 사랑하는 그 사람을 어떤 식으로 위로해 줄 수 있을까요?"

이 글을 읽고 있는 당신도 잠시 시간을 내서 고통받고 있는 상대방에게 건넬 말을 마음속에 떠올려 보기를 바란다.

그런데 당신은 자신에게도 그런 말을 하고 태도를 취하는가? 이 간단한 물음으로도 우리가 얼마나 자신에게만 엄격한지를 알 수 있다. 사랑하는 타인을 보살피고 돌보려 할 때 하는 따뜻한 말들을 정작 스스로에게는 하지 않는 것이다.

사실 자기비판은 너무 익숙해서 자동적으로 작동하기 때문에 우리는 그 순간을 알아차리지 못하기도 한다. 하지만 기분이 나쁠 때나 좌절할 때 스스로에게 어떤 말을 하고 있는지 유심히 살펴보면 분명 그 목소리가 존재한다는 것을 알 수 있다. 그 말은 냉소적이고 조급하지 않은가? 혹시 과거 누군가의 말투와 닮아 있는가? 이 내면의 비판자가 자주 사용하는 어구가 있음을 당신은 눈치챌 수 있을 것이다.

이제 우리는 그 비판적인 목소리를 향해 연민으로 말할 수 있다.

"네가 나를 보호하려는 의도는 알겠어. 하지만 그런 식의 비난은 나에게 도움이 되지 않아. 지금 나는 위로와 격려가 더 필요해."

나약한 자가 아니라 용기있는 자가 이런 말을 할 수 있다. 고통을 피하거나 무시하지 않고 다정하게 바라보며 스스로를 지지하는 태도다.

또 우리는 친절한 친구처럼 자신과 대화해야 한다. 당신의 가장 따뜻하고 자애로운 친구가 지금 당신을 바라본다면 뭐라고 말할까?

"괜찮아, 너 참 잘 버티고 있어."
"힘든 건 당연해. 넌 그 안에서도 여전히 애쓰고 있어."

이 말이 낯설고 어색한 것은 우리가 너무 오랫동안 스스로에게 냉정했기 때문이다. 우리는 훈련을 통해 더 다정해질 수 있다. 조용히 스스로를 감싸안아 보자. 가슴에 손을 얹고, 팔을 가만가만 쓰다듬어 보자. 자기 연민은 자기비판을 없애려 드는 태도가 아니다. 오히려 그 비판을 알아차리고, 그것과 함께 살며, 그 목소리에게 '나는 너의 의도를 이해하지만, 지금은 내가 나를 더 부드럽게 돌봐야 할 시간'이라고 말하는 것이다.

자기 친절은 바로 그렇게 투명하고 관대하다. 우리를 억누르지 않으면서도 껴안아 주는 일, 스스로를 투명하게 바라보고 다정히 맞아 주는 일이다. 거창하거나 드라마틱해야만 사랑인 것이 아니다. 어쩌면 컵처럼, 수건처럼, 창문처럼, 고요하고 반복되는 일상 속에서 그저 나를 받아들이는 연습을 멈추지 않는 것, 그것이야말로 내가 나에게 줄 수 있는 가장 관대한 사랑의 방식이다.

지금 당신의 컵은 어떤 차를 담고 있나?
당신의 창문은 어떤 바람을 들이고 있나?
오늘 하루, 당신은 자신에게 어떤 말을 건넸나?

심리학 노트

- **자기 친절**: 고통 속의 자신에게 다정하게 말 걸기.
- **공통 인간성**: 고통은 나만의 문제가 아니라 인간이라면 누구나 겪는 보편적 경험임을 인식하기.
- **마음챙김**: 고통을 회피하지 않고 있는 그대로 알아차리기.

8-3
모두가 특별하지 않다면 모두가 특별하다

첫째, 스스로 특별한 사람이라고 생각하지 않는다.

둘째, 내가 다른 사람보다 좋은 사람이라고 착각하지 않는다.

셋째, 내가 다른 사람보다 더 똑똑하다고 생각하지 않는다.

넷째, 내가 다른 사람보다 우월하다고 자만하지 않는다.

다섯째, 내가 다른 사람보다 더 많이 알고 있다고 생각하지 않는다.

여섯째, 내가 다른 사람보다 더 중요한 위치에 있다고 생각하지 않는다.

일곱째, 나는 무엇을 하든 다 잘할 것이라고 장담하지 않는다.

여덟째, 다른 사람을 비웃지 않는다.

아홉째, 다른 사람이 나에게 신경 쓰고 있다고 생각하지 않는다.

열째, 다른 사람을 가르치려 들지 않는다.

-얀테의 법칙

'얀테의 법칙'은 북유럽, 특히 덴마크와 노르웨이 사회를 지탱해 온 무언의 윤리로, 평범함을 미덕으로 여기는 태도를 담고 있다. 이 열 가지 조항은 덴마크계 노르웨이 작가 악셀 산데모세가 1933년에 발표한 풍자 소설 《도망자는 자신의 발자국을 넘어간다》에서 처음 등장했다. 얀테는 가상의 마을이지만, 그 마을 사람들의 말과 행동은 현실의 공동체를 투명하게 비추는 거울처럼 느껴진다. 이 법칙은 반복해서 이렇게 말한다.

"너는 특별하지 않다."

처음에는 차갑고 냉소적으로 들린다. 그러나 이 말이 뜻하는 바는 '너는 하찮다'는 것이 아니다. 오히려 '너는 특별하지 않아도 존중받을 자격이 있다'에 가깝다. 얀테의 법칙은 우리 모두가 본질적으로 평등하다는 인간 존재에 대한 깊은 신뢰를 바탕에 둔다. 그 평등의 감각을 통해 우리는 끊임없는 경쟁과 비교가 일상이 된 현대 사회에서 자주 잊히는 '존재 그 자체의 가치'를 다시 떠올리게 된다.

나를 앞세우지 말고 자신을 너무 높이 평가하지 말라는 이

윤리는 얼핏 보면 개인의 자율성과 성장을 억누르는 보수적인 규범처럼 느껴진다. 하지만 숨은 뜻은 그보다 훨씬 따뜻하고 인간적이다.

특별하려고 애쓰지 않는 사람이 되기 위해

몇 해 전, 딸아이가 열 살 때였다. 학교에서 받은 심리 검사 결과지에 불안 지수가 또래보다 다소 높다고 적혀 있었다. 순간, 나는 멈칫했다. 아이는 웃음이 많고 활발하며 친구들과 사이도 좋았다. 그런데 이 아이가, 불안하다고?

나는 딸에게 조심스럽게 물었다.

"요즘 뭔가 불안한 게 있을까? 엄마가 도와줄 수 있는 거면 좋겠는데."

아이는 고개를 푹 숙이고 아무 말도 하지 않았다. 나는 대답을 강요하지 않으려 애썼다. 한참이 지난 뒤, 아이가 조심스럽게 입을 열었다.

"엄마는 맨날 내가 세상에서 제일 예쁘다고 하잖아. 세상에서 제일 잘한다고 하잖아."

목소리는 점점 작아졌고, 마지막 말은 거의 속삭임에 가까웠다.

"근데, 나는 그냥 보통으로 예쁘고, 보통으로 잘하는 것 같은데 엄마는 계속 내가 최고라고 하니까… 가끔 진짜 무서울 때가 있어."

그 말이 내 가슴에 박혔다. 아이의 눈빛은 무언가를 들킨 사람 같았고, 나는 그 눈빛 속에서 내가 사랑의 이름으로 반복해 온 '특별함'의 무게를 처음으로 마주할 수밖에 없었다. 아이는 스스로를 '특별하다'고 느끼는 동시에 그 특별함이 깨질까 봐 불안해하고 있었던 것이다. 내가 아이에게 자신감을 주려고 했던 말들 속에 '특별해야만 사랑받을 수 있다'는 조건이 담겨 있었음을 그제서야 깨달았다.

MSC에서는 우리가 흔히 겪는 고통과 실패, 불완전함을 '보편적인 인간 경험'으로 바라보라고 이야기한다. 이는 내가 처한 어려움이 나만의 것이 아니라 인간이라면 누구나 겪는 일이라는 인식에서 비롯된다. 딸아이가 말한 그 두려움도 사실은 오늘날 수많은 아이가, 그리고 우리 어른들 역시 마주하게 되는 공통된 감정이다. 특별해야만 인정받는다는 압박은 우리 모두에게 익숙하지 않을까 싶다.

돌이켜보면 나도 오랫동안 '특별함'에 기대 살아왔다. 결핍을 보상하고자 더 똑똑하고 더 인정받는 사람이 되려 애쓰며 허비한 시간들이 분명 있었다. 그리고 그런 내가 무의식적으로 전한 메시지가 아이에게 불안의 씨앗이 돼 버렸다. 아이는 본래부터 반짝이는 존재였지만, 그 빛이 반드시 '특별함'이라는 이름을 가져야만 유의미한 것은 아니다. 나는 모든 존재가 저마다의 빛을 갖고 있다는 단순하고 중요한 진실을 제대로 전하지 못하고 있었던 셈이다.

'모두가 특별하지 않다면 모두가 특별하다'는 말처럼, 우리의 두려움과 결핍, 실수와 불완전함은 인간으로서 당연하고 자연스러운 것들이다. 그 고통이 나만의 것이 아니라는 인식은 나를 고립감에서 건져 내고, 더 깊은 평온으로 데려다준다. 진정한 자기 연민은 특별해야만 사랑받는다는 부담에서 벗어나 있는 그대로의 나를 따뜻하게 바라보는 데서 시작된다.

어쩌면 우리에게는 "나는 너를 사랑해"라는 말보다 "나도 너처럼 흔들려"라는 고백이 먼저 필요한지도 모르겠다.

📝 심리학 노트

자기 연민의 핵심 구성 요소인 공통 인간성은 고통과 결핍이 개인적 실패가 아니라 모든 인간이 겪는 보편적 경험이라는 인식에서 출발한다. 이렇게 고통을 고립된 문제로 간주하지 않고 인간 존재의 조건으로 이해하면 자기 비난과 수치심을 줄이고 정서적 유연성을 높이는 심리적 토대가 된다.

이런 공통 인간성의 개념은 불교의 핵심 교의와 긴밀하게 연결돼 있다. 붓다는 '삶은 고(苦)'라는 사성제의 첫 번째 진리를 통해 고통은 예외적인 일이 아니라 모든 중생이 공유하는 존재의 본질임을 강조했다. 즉, 괴로움은 인간 존재의 일부라는 것이다. 다시 말해, 우리가 고통받을 때 '왜 나에게만 이런 일이 생기지?'라고 생각하는 대신 '이것은 인간이라면 누구나 겪을 수 있는 일'이라고 받아들인다면 그 고통을 수용하고 따뜻하게 돌볼 수 있다.

8-4
삶은 사진보다 선명해진다

지금, 여기 있으라.

-람 다스

    스트레스가 발생하면 우리 몸은 생리적인 반응을 보인다. 생명의 위협을 느끼는 극한 상황에서 그에 맞게 대처하고자 설계된 자연적인 현상이다. 목줄이 풀린 거대한 개가 갑자기 당신을 향해 달려온다고 상상해 보자. 심장은 미친 듯이 뛰고, 근육은 단단히 조여들며, 위장은 하던 일을 즉각 멈출 것이다. 이처럼 위협 앞에서 나타나는 반응은 생존을 위해 설계된 본능이다.

    하지만 오늘날 우리는 사자도, 독사도, 맹수도 없는 세계에 살면서도 여전히 '쫓기고 있다'는 감각을 떨치지 못한다. 개가 눈앞에 나타난 것도 아닌데, 발표를 앞두거나 면접을 기다리는 순간 우리 몸은 마치 생존을 위협받는 듯 반응한다. 사자는 없는데도 사자를 보고 있는 것처럼 끊임없이 방어 태세를 유지하는 것이다.

이처럼 일상의 자극에도 쉽게 촉발되는 스트레스 반응은 결국 두통, 위장병, 심장 질환, 심지어 암 발병에까지 영향을 준다.

그렇다면 어떻게 스트레스를 통제할 수 있을까? 스트레스를 잘 다루는 사람들은 상황을 억누르지 않고 받아들이면서 자신이 할 수 있는 일에 집중한다고 한다. 그들은 이미 지나간 일이나 미래는 통제하려 하지 않는다. 고칠 수 없는 것에 매달리기보다는 그로 인해 현재가 망가지지 않도록 하는 것이다.

현재에 주의를 두고 존재하는 방식은 효과적인 스트레스 대처법일 뿐만 아니라 스스로를 따뜻하게 대하는 첫걸음이기도 하다. 이것이 바로 MSC에서 말하는 마음챙김의 핵심이다. 마음챙김은 자기 비난이나 회피가 아닌, 지금 이 순간의 괴로움에 부드럽게 주의를 기울이고 현재의 경험을 있는 그대로 알아차리는 연습이다.

그리고 자기 연민 또한 이런 마음가짐에서 시작된다. 괴로움을 직시할 용기, 그리고 그 괴로움 속에서도 자신을 비난하지 않고 따뜻하게 바라보는 시선이 바로 자기 연민이다. 즉 마음챙김은 자기 연민의 문을 여는 중요하고 핵심적인 열쇠다.

마음의 닻을 내려야 할 때

나는 아침과 저녁마다 방석 위에 앉는다. 어떤 날은 잠깐 앉아 숨을 쉬고, 어떤 날은 묵직하게 마음을 들여다보며 긴 시간을 보낸다. 나는 그 고요함을 사랑한다. 그 고요 속에서 자유로움을 느낀다. 그 자유는 내게 많은 것을 허락한다. 꽉 움켜쥐었던 손아귀에 힘이 빠지고, 굳었던 눈동자가 부드러워지며, 닫혔던 마음의 문이 열린다. 그렇게 나를 보살피며 연민 어린 순간을 맞이하는 것이다.

마음챙김은 말보다 앞서는 실제적인 경험이기도 하다. 예컨대, 어느 깊은 밤 차가운 공기 속에서 문득 별빛을 본다고 하자. 이때 우리는 '별'이라는 단어를 떠올리기 전에 이미 그 반짝임을 온몸으로 느낄 수 있다. 또 우리는 누군가와 진지한 대화를 나누다가 말이 끊긴 짧은 침묵의 순간, 말보다 선명한 고요를 느끼기도 한다. 또 어떤 날은 창문을 열자마자 따스한 햇살이 얼굴을 스친다. 아직 그것을 설명할 단어가 떠오르기 전인데도 우리는 이미 햇살의 온기를 알고 있다. 그 순간의 자각. 그것이 마음챙김이다.

이처럼 마음챙김은 '지금 이 순간'에 존재하는 행위다. 우리는 그 안에서 판단이나 해석 없이 삶을 있는 그대로 바라보게 된다. 삶이 지금과는 다른 모습이기를 바라는 마음이 그 순간만큼은 줄어든다.

우리의 마음은 닻을 내릴 곳이 필요하다. 수용전념치료에서는 이 정박의 행위를 '닻 내리기 기법(anchoring technique)'이라 부른다. 이는 마음이 요동칠 때, 어디에도 닿지 못한 채 떠도는 의식을 지금 이 순간의 감각에 조용히 내려앉히는 일이다. 발바닥이 바닥을 누르는 느낌, 들숨과 날숨의 부드러운 흐름, 손끝에 스치는 공기의 온기같은 작고 미묘한 감각들이 우리의 닻이 돼 준다. 이 기법은 마음을 억누르거나 없애지 않고, 삶의 한복판에서 내가 여전히 여기에 존재하고 있음을 다정히 일깨운다. 닻을 내리는 순간 우리는 다시금 자신을 품에 안을 수 있게 된다. 외부의 폭풍은 여전하지만 그 안에서 고요한 중심을 발견하게 되는 것이다.

대부분의 정신적 고통은 마음이 여기저기를 떠돌며 무언가를 증명하거나 피하려 애쓸 때 생긴다. 하지만 그런 마음의 작동을 알아차리면 우리는 의지할 수 있는 고요한 정박지를 만들 수 있다. 마치 겁이 날 때 엄마의 치맛자락에 몸을 숨기는 아이처럼, 우리는 언제든지 자기만의 닻으로 돌아올 수 있다는 사실을 알게 된다.

영화 〈월터의 상상은 현실이 된다〉에는 이런 장면이 나온다. 히말라야의 고요한 눈밭 위, 두 남자가 있다. 한 사람은 방황을 끝낸 여행자고, 다른 한 사람은 세상을 바라보는 일을 생의 전부로 삼은 사진작가다. 긴 기다림 끝에 전설 속의 한 장면처럼 신비로운 눈표범이 렌즈 속에 모습을 드러낸다. 그런데 사진작가는 셔터를 누르지 않는다. 대신 이렇게 말한다.

가끔은 프레임 안에 담기보다는 그냥 그 순간을 있는 그대로 느끼고 싶을 때가 있어요. 지금 이 순간을.

우리는 얼마나 자주 그 순간을 놓치고 카메라를 들이대며 무언가를 남기려 애쓰고 있는 것일까? 마음챙김은 이렇게 묻는다.

"지금 이 순간, 당신은 정말로 여기에 존재하고 있나요?"

심리학 노트

개념

닻 내리기 기법은 마음을 현재의 감각과 경험에 정박시켜 불안하거나 혼란스러운 생각과 감정에 휩쓸리지 않도록 돕는 마음챙김 기반의 주의 집중 전략이다. 마치 배가 바다 밑에 닻을 내려 흔들리지 않듯, 마음도 고요한 중심에 닻을 내리면 안정과 평정을 찾을 수 있다.

목적

- 현재 순간으로 주의를 돌려 과거나 미래에 대한 불필요한 걱

정을 줄인다.
- 스트레스, 불안, 고통을 억누르지 않고 수용하며 직면한다.
- 자기 연민과 자비의 태도를 키워 스스로를 따뜻하게 돌본다.

적용 방법(기본 단계)
- 몸의 감각에 주의 기울이기: 발, 손, 호흡 등 신체의 감각을 느낀다.
- 주변 환경 인식하기: 소리, 빛, 온도 등 현재의 외부 자극을 알아차린다.
- 생각과 감정에 이름 붙이기: '지금 나는 긴장했다', '불안한 생각이 떠오른다'처럼 스스로의 상태를 인식한다.
- 현재 할 수 있는 일에 집중하기: 작고 구체적인 행동으로 마음을 돌린다.
- 자기 연민의 말 한마디 건네기: "지금 이 순간 힘든 건 자연스러운 일이야" 같은 따뜻한 언어를 건넨다.

효과
- 마음의 소용돌이에서 벗어나 심리적 안정과 평정을 회복한다.
- 부정적인 감정에 매몰되지 않고 상황에 유연하게 대응할 수 있게 된다.
- 자기 자신에 대한 이해와 수용이 깊어짐으로써 자기 연민을 키울 수 있다.

8-5
내 마음이 평안하기를 바랍니다

마침내, 한겨울 속에서 나는 알게 됐다. 내 안에 꺾이지 않는 여름이 있다는 것을.

-알베르 카뮈

딸아이가 어지럽다는 말을 하기 시작한 것이 언제부터였을까. 기억을 더듬어 보니 어느새 1년은 족히 넘은 것 같다. 처음에는 잠깐씩 그럴 수 있는 거라며 아이를 안심시켰고 나 역시 대수롭지 않게 넘겼다. 나도 그 나이 때 공부하기 싫고 학원 가기 싫으면 머리가 아프다며 핑계를 댄 적이 한두 번이 아니었으니까.

그런데 6학년이 됐는데도 아이는 하루가 멀다 하고 보건실에 가서 누워 있는 것 같았다. 어지럼증이 너무 심한 날에는 도저히 참지 못하고 진통제도 받아먹는다고 했다. 그러다 어느 날, 눈앞이 갑자기 하얘지더니 칠판이 하나도 안 보여 깜짝 놀랐다는 말을 듣자 슬슬 걱정이 되기 시작했다.

우선 동네 병원에서 할 수 있는 검사를 모조리 다 해 봤다. 하지만 원인을 찾지 못했고, 결국 대학 병원에서 뇌 MRI를 찍어야 했다. 설마 하며 마음을 졸였지만, 청소년 상담을 주로 하시는 동료 선생님께서 괜찮을 거라고, 아이들에게는 이런 일이 종종 있다고 말씀해 주셨다. 심리적인 원인일 수도 있다는 것이다. 물론 그 또한 가볍게 볼 문제는 아니지만, 적어도 뇌에 이상이 있는 것보다는 백배 나아 보였다.

검사 결과를 기다리는 일주일 동안 수없이 많은 생각이 들었다. 그러다 드디어 결과를 듣는 날이 됐다.

'제발 아무 일도 없기를…. 이 일만 잘 지나가면 우리는 더 괜찮아질 거야.'

의사 선생님은 가벼운 이야기로 말을 시작하셨다. 그런데 어쩐지 점점 말이 이상하게 흘러갔다. MRI 사진을 보여 주시며 아무래도 3차 병원으로 가서 좀 더 정밀하게 확인해 보는 게 좋겠다고 하셨다. 뇌의 일부분이 내가 보기에도 일반적이지 않아 보였다.

그 순간부터 내 마음은 지옥으로 변했다. 그 감정을 설명할 다른 말이 떠오르지 않는다. 더 지독하고 끔찍한 말이 있다 해도 그때의 내 마음을 설명하기에는 부족할 것이다. 삶이 얼마나 잔인하고 고통스러울 수 있는지를 나는 그날 처음 알았다. 고통이, 이전보다 더한 고통이 다시 나를 찾아온 것이다.

우리나라 최고 병원의 최고 명의를 찾아갔다. 뼈밖에 남지 않고 뒤틀린 굳은 몸으로 겨우 숨을 쉬는 아이들을 품에 안고 있는 엄마들과 같은 대기실에 앉아 있는 동안 나의 슬픔은 극에 달했다. 그들의 슬픔은 어떤 빛일까. 그 무게는 얼마나 될까. 나는 감히 이들에게 치유니 위로니 회복이니 같은 말을 꺼낼 수 없을 것 같았다. 세상은 어찌 이리도 불공평해 보이는 걸까. 그리고 무엇보다 이제 나와 딸아이의 운명은 어떻게 되는 걸까.

슬픔은 내 안에서 더 이상 채울 수 없을 만큼 차올랐다.

또다시 반복된 검사와 기다림의 시간. 그리고 한 달 뒤 최종 결론이 나왔다. 진료실을 나오는 길, 딸아이와 눈빛이 마주쳤다. 아무 말 없이도 서로가 얼마나 기뻐하는지 알 수 있었다. 동시에 이 기쁨이 병원 안의 다른 누군가에게 상처가 되지 않기를 조심스레 바랐다.

집으로 돌아오는 전철 안, 긴장 속에 하루를 보낸 딸아이는 의자에 앉아 내 어깨에 기대 꾸벅꾸벅 졸기 시작했다. 나는 그 아이의 가벼운 숨결을 느끼며 생각했다.

나를 연민하기

산다는 것, 이렇게나 힘든 일이었는데 왜 나는 자라 오면서 이런 고통과 두려움을 제대로 느껴 본 적이 없었던 걸까. 도대체 나의 부모님은 나를 위해 어떤 방패를 세우고, 어떤 지붕을 펼쳐 주셨던 걸까. 세상이 그저 환희에 찬, 경이로운 곳이라 믿고 자랄 수 있었던 가장 큰 이유는, 그분들이 세상 앞에 나를 내주지 않았기 때문임을 그제야 알게 됐다.

나는 비로소 나 자신에게도 숨을 돌릴 틈을 주고 싶었다. 너무 괴로웠다고, 정말 많이 무서웠다고, 그럼에도 불구하고 나는 이 시간을 견뎠노라고 말하고 싶었다. 누군가가 내 어깨를 조용히 감싸안아 주는 듯한 마음으로, 나는 내 안의 떨리는 나를 천천히 바라봤다.

그러다 문득 깨달았다. 내가 그토록 아이를 품고 지켜 내려 했던 방식 그대로 이제는 나 자신도 품어야 한다는 것을. 불안하고 초조했던 나, 자책하고 흔들렸던 나, 그 모든 나를 향해 이렇게 속삭여야 한다는 것을.

"그래, 그럴 수 있어. 네가 얼마나 두려웠는지 알아. 지금까지 잘 버텨 줘서 고마워."

자기 연민이라는 말이 그저 이론이 아닌, 이렇게 몸 깊숙이 울려 오는 실감이 될 줄은 예전에는 몰랐다. 부모로 산다는 것은 기본적으로 아이를 지켜 내는 일이지만, 동시에 아이를 통해 나 자신을 돌보는 법을 배우는 일이기도 하다. 아이의 고통 앞에 무력해지며 나는 나의 연약함을 맞닥뜨렸고, 그 연약함을 인정하며 처음으로 나 자신에게 연민을 배우기 시작했다.

생각이 많은 날이었다. 돌아가신 엄마가 너무도 보고 싶었다. 내가 알지 못했던 그분의 수많은 두려움과 긴장, 밤마다 조용히 감췄을 눈물 같은 것들이 그제야 가슴에 와닿았다. 다정하고 단단한 품이 언제나 나를 감싸고 있었다는 느낌이 들었다. 그리고 어쩌면 그 품은 아직 내 안 어딘가에 남아 이토록 고단한 순간에도 내가 나를 다정하게 껴안을 수 있도록 용기를 건네고 있는지도 모른다.

📝 심리학 노트

편안한 자리에 앉아 부드럽게 눈을 감습니다. 몸과 마음을 깊게 숨으로 들이쉬고 내쉬며 풀어 냅니다. 숨결이 흘러 들어오는 소리를 따라가며, 지금 이 순간, 그저 존재하는 자신을 느껴 봅니다. 당신의 숨이 천천히, 평온하게 나가고, 그 나가는 숨 속에 마음의 무게도 함께 사라지는 듯합니다.

이 순간, 모든 것이 조용히 정돈되는 것을 느끼며, 당신은 그저 여기에 있습니다. 당신이 존재하는 이 자리가 얼마나 특별한지, 얼마나 소중한지를 고요하게 느껴 봅니다.

이제 조용히 마음속에서 당신 자신을 떠올립니다. 당신은 이 세상에서 고통을 겪는 존재이지만, 그 고통이 당신을 정의하지 않음을 기억하세요. 그 고통 속에서도, 그 모든 감정 속에서도, 당신은 그 자체로 사랑받을 자격이 있는 존재입니다. 어떤 아픔도 당신을 고립시키지 않으며, 오히려 그 아픔을 통해 당신은 더욱 깊이 사랑을 느낄 수 있습니다.

지금, 당신 자신에게 연민을 보내는 순간을 가집니다. 그저 존재하는 자신에게, 그 자체로 충분하고 사랑받을 자격이 있음을 상기하며, 조용히 속으로 다음의 말을 되뇌어 봅니다.

내가 행복하기를 바랍니다.
내가 건강하기를 바랍니다.
내가 안전하기를 바랍니다.
내 마음이 평안하기를 바랍니다.

이 말들은 기도처럼 가벼운 바람에 실려, 당신의 가슴 깊숙이 스며듭니다.

마음속에 일어나는 따스한 감정이 천천히 퍼져 나가며, 당신의 고통을 부드럽게 감싸안습니다. 이제, 그 연민의 손길을 당신 자신에게로 돌려보내는 이 순간, 당신은 자신을 사랑할 자격이 충분하다는 사실을 마음 깊이 느끼게 됩니다.

이제, 사랑하는 사람을 떠올립니다. 그 사람의 얼굴이 당신의 마음속에서 생생하게 떠오르고, 당신은 그 사람을 사랑하는 마음으로 가슴을 열어 봅니다. 그 사람의 기쁨과 고통, 슬픔과 기쁨을 모두 함께 느낄 때, 자연스럽게 그 사람의 행복을 바라는 마음이 솟아오릅니다.

당신이 행복하기를 바랍니다.
당신이 건강하기를 바랍니다.
당신이 안전하기를 바랍니다.
당신의 마음이 평안하기를 바랍니다.

이 구절을 천천히 반복하며, 그 사람에게 당신의 연민을 보내세요. 그의 모든 아픔을 함께 품고, 그의 내면 깊은 곳에서 평화와 사랑이 피어나기를 기도합니다.

이제 그 연민의 마음을 조금씩 더 넓혀 봅니다. 당신이 알고 있는 사람들, 가족, 친구, 동료 들의 얼굴이 떠오릅니다. 각각의 얼굴에, 그들의 고통과 기쁨을 인정하며, 그들이 평안하기를 바라는 마음을 보냅니다. 이 순간, 당신은 단지 연민을 보내는 존재가 아니라, 그 연민을 나누는 존재로 변해 갑니다.

마음을 확장해 이제 세상에 있는 모든 존재들을 떠올려 봅니다. 모든 사람들, 동물들, 나무들, 꽃들, 당신이 모르는 모든 존재들을. 그들의 고통과 기쁨을 모두 함께 나누며, 사랑을 보내는 순간을 고요히 느껴 봅니다.

모든 존재가 행복하기를 바랍니다.

모든 존재가 건강하기를 바랍니다.

모든 존재가 안전하기를 바랍니다.

모든 존재의 마음이 평안하기를 바랍니다.

당신의 마음은 이제 어떤 경계를 넘어, 모든 존재를 품을 수 있을 만큼 넓어졌습니다. 마음이 끝없이 확장되며, 세상 속 모든 존재가 그 사랑과 연민의 품 안에 있음을 느껴 봅니다.

당신은 고통을 없애려는 존재가 아니라, 그 고통을 사랑으로 품고, 함께 아파하며 치유하는 존재가 됩니다.

숨을 들이쉬고 내쉬며, 당신의 마음속에 일어나는 연민의 감정을 고스란히 느껴 봅니다. 그리고 깊은 숨을 들이쉬며, 세상과 연결된 자신을 온전히 느낍니다. 이 순간, 당신은 세상의 일부분으로서 모든 존재와 연결되어 있음을 실감합니다.

나는 이 세상의 일부이며, 모든 존재와 깊게 연결돼 있습니다.

내가 연민을 보낼 때, 세상은 조금 더 따뜻해지고 평안해집니다.

나의 마음은 사랑과 연민으로 가득 차 있습니다.

이제 천천히 명상을 마무리하며, 당신의 마음이 평온함과 연민으로 가득 차 있는 것을 느껴 봅니다. 숨을 깊게 들이쉬고 내쉬며, 세상과 연결된 그 따뜻한 느낌을 간직하십시오. 당신은 언제든지 이 연민의 마음을 되살릴 수 있음을 기억하십시오.

마치며

더 이상 나를
소모하지 않는
불안

> 사람이 마음을 열면 어떻게 되는지 알아? 나아지게 돼.
>
> —무라카미 하루키

초등학생 시절, 집 근처에 있는 서예 학원을 오래 다녔다. 학교가 끝나면 가방을 집에 놓고 서둘러 학원으로 향하고는 했다. 학원 문을 열면 특유의 묵 냄새가 가득했다. 아이들이 있는 공간이 그렇게까지 조용할 수 있다는 게 놀라울 정도였다.

화선지를 펴고 붓에 먹을 찍는다. 붓에서 떨어지는 먹물의 무게가 손끝으로 전해진다. 종이는 얇고 부드럽다. 그 위에 첫 획을 그으면 아주 잠깐, 종이가 숨을 들이쉬는 듯한 느낌이 든다. 먹을 머금은 붓끝이 하얀 화선지 위를 맴도는 순간 내 숨결은 고요해진다. 세상의 모든 소음이 단번에 사라지고, 뭔지 모를 내 안의 울림만이 붓을 따라 흐른다. 마치 종이가 숨을 죽인 채 기다리고 있는 것만 같다. 나는 그 기다림을 어루만지듯 천천히 획을 긋는다.

그때는 몰랐지만 어쩌면 나는 이미 그 시절에 명상을 하고 있었는지도 모르겠다. 반복되는 붓놀림, 잔잔한 숨소리, 그리고 온몸이 하나의 동작에 집중하는 순간들 속에서 마음은 차츰 가라앉았고, 나는 그 시간의 느낌을 좋아했다.

그 시절 나에게는 쇠로 된 문진이 있었다. 조심스레 종이 위에 올리면 바람에 흔들리는 종이가 다시 자리를 잡았다. 하지만 나는 원장 할아버지가 쓰시던 묵직한 원목 문진을 갖고 싶었다. 조각이 섬세하고 무늬가 살아 있는 데다 단단해 보이던 그 문진은, 종이뿐 아니라 사람의 마음까지도 차분히 눌러 줄 것만 같았다.

그 단단한 무게가 주는 안정감, 조용히 제 역할을 다하던 물건의 품격을 나는 아직도 생생히 기억한다. 문진이 묵직하게 누른 종이 위로 먹물이 번지며 글자가 완성되는 순간이면 마음 깊은 곳에 고요가 찾아왔다.

하지만 때때로 삶은 고요와 멀어진다. 엄마의 죽음, 이혼, 두 아이를 홀로 키우는 일, 그리고 암 진단은 내 마음에 깊은 상처를 남겼다. 그 상처는 때로는 무거운 짐처럼, 때로는 끝이 보이지 않는 어둠처럼 내 앞을 가로막았다. 나는 그 속에서 자주 흔들렸고, 자책과 미안한 마음 속에 갇히기도 했다. '나는 왜 이렇게 약한가', '나는 왜 이럴까' 같은 질문들이 머릿속을 맴돌았다. 그러던 중, 늦은 나이에 시작한 심리학 공부가 나를 다시 살게 해 주는 길이 됐다. 수용전념치료는 고통이 삶의 일부라고, 그것을 억누르려 애쓰지 말고 있는 그대로 마주하라고 내게 말했다.

내가 어떤 감정을 느끼든 그 감정은 나를 정의하지 않는다. 고통스러운 감정을 부정하거나 회피하는 대신 그것을 인정하고 스스로에게 다정한 태도를 취하는 것이 진짜 용기임을 나는 배웠다. 자기 연민은 무기력한 체념이 아니라 고통 속에서도 자신에게 다정할 수 있는 용기이며, 흔들림 속에서도 나를 붙잡아 주는 따뜻한 손이라는 것을 알게 됐다. 그렇게 나는 어린 시절의 쇠 문진 같은, 원장 할아버지의 원목 문진 같은 문진을 내 마음에 올려 둘 수 있게 됐다. 삶의 풍파 속에서도 나를 무너지지 않게 해 주는 내면의 지지대가 생긴 것이다.

어느 날, 우연히 어떤 사연을 읽은 적이 있다. 병원 침대에 누워 임종을 앞둔 한 어머니가 있었다. 그녀는 한참 허공을 바라보다가, 마치 탄식처럼 이렇게 말하며 마지막 숨을 내쉬었다고 한다.

"이럴 수가. 나는 지금까지 내 인생이 어딘가 잘못됐다고 생각하며 살아왔어. 이럴 수가…."

그 목소리가 가슴 깊은 곳을 저릿하게 흔들었다. 삶의 마지막 순간까지 스스로를 책망하며 살아온 한 사람의 말. 그 울림이 내 안에 오래 머물렀다. 그리고 그때 나는 이 책을 써야겠다고 마음먹었다. 누군가가 자신의 인생을 마지막까지 잘못됐다고 느끼지 않도록. 적어도 나부터 그렇게 살지 않기 위해서.

시청각을 모두 잃은 극한의 조건 속에서도 배움을 포기하지 않고 세상과 소통하는 길을 찾아냈던 헬렌 켈러는 그녀의 저서 《열린 문(The Open Door)》에서 이렇게 언급했다.

> 행복의 문 하나가 닫히면 또 다른 문이 열린다. 하지만 우리는 닫힌 문을 너무 오래 바라보느라 열린 문을 보지 못한다.

삶이 고통스럽고 무언가 잘못된 듯 느껴질 때 우리는 본능처럼 닫힌 문 앞에 주저앉는다. '이 문이 왜 닫혔을까', '왜 나에게 이런 일이 벌어졌을까'라고 묻고 또 묻는다. 그 문 앞에 머무는 시간이 길어질수록 열린 문이 있다는 사실조차 잊게 된다. 수용전념치료는 바로 그 점을 일깨운다. 고통이 닫힌 문을 만든다 해도, 열린 문은 언제나 존재한다. 우리가 해야 할 일은 문을 열려 애쓰는 게 아니라 고개를 돌려 '지금 이 자리'에서 열린 문을 바라보는 것이다.

빅터 프랭클은 《빅터 프랭클의 죽음의 수용소에서》에서 이렇게 썼다.

> 만약 어떤 사람이 시련을 겪는 것이 자기 운명이라는 것을 알았다면, 그는 그 시련을 자신의 과제, 다른 것과 구별되는 자신만의 유일한 과제로 받아들여야 한다. 시련을 당하는 중에도 자신이 이 세상에서 유일한 단 한 사람이라는 사실에 감사해야 한다. 어느 누구도 그를 시련으로부터 구해 낼 수 없고, 대신 고통을 짊어질 수도 없다. 그가 자신의 짐을 짊어지는 방식을 결정하는 것은 그에게만 주어진 독자적인 기회다.

고통은 누구도 대신 살아 줄 수 없는 나의 몫이지만, 동시에 그 고통을 어떻게 짊어지고 살아갈지는 나만의 선택이라는 것을, 즉 삶은 열린 문이라는 것을 나는 이제 알게 됐다. 상처는 실패가 아니라 그저 다시 들여다볼 필요가 있는 자리일 뿐이다. 그리고 삶의 가장 깊은 상처야말로 때로는 빛이 스며드는 통로가 된다.

감정은 마치 오케스트라의 악기들 같다. 기쁨만이 홀로 울리면 음악은 가벼워지고, 슬픔만이 지속되면 음색은 지나치게 무거워질 것이다. 다양한 감정이 각자의 음색으로 함께 울려 퍼질 때 우리는 삶이라는 교향곡을 온전히 들을 수 있지 않을까? 각각의 감정이 어우러져 서로를 살리고 모두가 제자리에 놓였을 때, 기쁨 속에 슬픔이 함께 있고, 만족감 속에서도 아쉬움이 밀려드는 순간에 우리는 비로소 '살아 있음'을 생생하게 느낀다. 감정 하나하나가 선율처럼 흘러가며, 모든 시간의 기억들과 느낌들이 '지금, 여기'에서 살아 움직이게 되는 것이다.

이 책은 불안을 없애는 방법을 알려 주지 않는다. 다만 불안과 함께 살아가도 된다고, 그것에 휘둘리지 않고, 더 이상 나를 소모하지 않아도 된다고 얘기하고자 했다. 불안해도 괜찮다. 그 불안이 나를 전부 삼켜 버리게 두지 않으면 된다.

삶이 고요로 가득하지 않아도 고요를 기억하는 사람은 여전히 아름답게 흔들릴 수 있다. 이 책은 그 아름다운 흔들림에 관한 이야기이기도 하다. 이 책이 당신의 마음 위에 놓이는 문진이 되기를 바란다. 고통 속에서 흔들리는 종이 위에, 당신이 다시 삶을 그려 가는 데 도움이 되도록.

살아갈 날들을 위한 회복의 심리학
불안을 끌어안고 나아가기

ⓒ 김현경 2025

인쇄일 2025년 10월 31일
발행일 2025년 11월 7일

지은이 김현경
펴낸이 유경민 노종한
책임편집 이현정
기획마케팅 1팀 우현권 이상운 **2팀** 최예은 전예원 김민선
디자인 남다희 허정수
기획관리 차은영
펴낸곳 유노북스
등록번호 제2015-000010호
주소 서울시 마포구 동교로17안길 51, 유노빌딩 3~5층
전화 02-323-7763 **팩스** 02-323-7764 **이메일** info@uknowbooks.com

ISBN 979-11-7183-146-3 (03180)

- — 책값은 책 뒤표지에 있습니다.
- — 잘못된 책은 구입한 곳에서 환불 또는 교환하실 수 있습니다.
- — 유노북스, 유노라이프, 유노책주, 향기책방은 유노콘텐츠그룹의 출판 브랜드입니다.